Das Leben mit Auschwitz des Stanisław Hantz

Karin Graf

Zitronen aus Kanada

Biografische Erzählungen

Verlag des Staatlichen Museums Auschwitz - Birkenau
Oświęcim/Polen

Die Finanzierung des Druckes wurde getragen von:
Lagergemeinschaft Auschwitz –
Freundeskreis der Auschwitzer e.V. , Münzenberg
Gegen das Vergessen – Für Demokratie e.V., Bonn
Ernst-Ludwig Chambré Stiftung zu Lich, Lich
Studentenparlament der Gesamthochschule/Universität, Kassel
AStA der Gesamthochschule/Universität, Kassel
Deutscher Gewerkschaftsbund, Landesbezirk Hessen
Kontrast Belichtungsservice GmbH, Kassel

Cornel Ensslin, Kassel; Markus Götte, Göttingen; Vera Merkle, Kassel; Thomas Merkle, Amsterdam; Carsten Meier, Kassel; Florian Ross, Kassel.

Historische Beratung:
Staatliches Museum Auschwitz - Birkenau, Oświęcim/Polen

Titel und grafische Gestaltung: *Johannes Kühn*, Kassel
Titelfoto, Fotos und Fotobearbeitung: *Andreas Dahlmeier*, Kassel
Textberatung: *Martina Henkel*, Hannover; *Reinhild Kassing*, Kassel; *Bea Oerder-Adamski*, Kassel;

Für die Unterstützung, Ermunterung, Anregung und Diskussion gilt mein besonderer Dank:
Regina, Staszek, Wanda, Krystyna und Florian, Tina, Thomas, Markus, Reinhild, Uschi, Ellen, Tommi

ISBN-Nr. 3-00-002699-1
Druck: Repro+Druck Boxan, Kassel

Inhaltsverzeichnis:

Einleitung

Die Sonne wühlt die Erde auf, ein Frühlingstag des Jahres 1994. Ich sitze auf einer Grundmauer, an die ich plötzlich geriet, Fuß vor Fuß. Staszek bog unvermittelt und wortlos von einer schnurgeraden Straße in Auschwitz - Birkenau rechts ab. *»Ich muß mal nach Mexiko«*, erklärt er irgendwann. Für uns andere, Deutsche, ist das, was er als 'Mexiko' bezeichnet, eine Wiese. Ja, wirklich nur eine Wiese. Dann finden wir Grundmauern, kleine Teiche, Zaunreste, einen Betonpfeiler, aber vor allem Gräser und Sträucher. Und da ist noch Staszeks Aufregung: schnelle Schritte, der ganze Mensch nach innen gestülpt, lautes Atmen, ja Keuchen, schwere Falten verschließen sein Gesicht, unansprechbar, kaum aus dem Herumirren zu reißen. Dann stoppt er und seine Wörter entwerfen die Kulisse neu: Kein Gras, alles Kies, Baracken, fertige und halbfertige, Leerflächen, ein künstlicher Wasserlauf, richtig, schnurgerade, die Zaunpfosten sind zu 'unserem' Gelände hin gebogen, also war 'Mexiko' eingesperrt, nackte Frauen, Kinder, Jüdinnen und ihre Kinder ... Für mich entstand die Idee, Staszeks Geschichten aufzuschreiben mitten in dieser Szene. Plötzlich war da die Angst, daß seine Geschichten, seine Erlebnisse mit ihm vergehen. Natürlich kann er gut erzählen, hinreißend sogar, das wird alles erleichtern ... Interviews, Diskussionen über die geschriebenen Geschichten, mehrere gemeinsame Besuche in Auschwitz, immer wieder erzählen und diskutieren an den authentischen Plätzen in und um die Lager, Besuche in Groß Rosen, Hersbruck, Nürnberg und Dachau, Staszeks Stationen im letzten Kriegshalbjahr, Besuche bei Staszeks Freunden und Bekannten, allesamt Häftlinge in deutschen Konzentrationslagern. Das alles verstreut über vier Jahre – so entstanden die vorliegenden Geschichten. Selbstverständlich spielten die Wörter eine große Rolle. Staszeks gebrochenes Deutsch, *»solche Lagersprache«*, meine Fragen in einfachen Formulierungen, jeweils differenziert durch Mimik und Gestik, *»tun vom vielen Sprechen Hände schon weh«*. Viele Szenen haben wir gespielt: Hinter der Tür des Wohnzimmerschranks lagen die Würste, die Staszeks Freund Mietek zweihundert Schläge einbrachten; ich war der SS-Mann, der ihn ertappt. Die Gartenbank wurde zum Pferdewagen, auf dem wir zum Sägewerk fahren, mit wechselnden Rollen. Einmal ich vorne, der Häftling, einmal ich hinten, der SS-Posten. Im Sägewerk stehe ich dann als SS-Posten Schneider am Fenster, Staszek organisiert sich die versteckten Brote zwischen den Balken eines Fuhrwerks. Die todernsten Szenen von damals verfliegen manchmal in unserem Gelächter, weil ich wieder nicht breitbeinig genug dastehe oder zu genau hinschaue. Da rutschen plötzlich fünfzig Jahre weg: *»Wenn du so gut schaust, kann ich nicht nehmen.«* Die todernsten Szenen von damals lassen uns immer wieder für Minuten, auch Stunden, gemeinsam verstummen, manchmal gemeinsam, aber öfter getrennt beweinen. Jeder für sich, jeder mit seinem Leid, jeder mit der Geschichte seines Landes. *»Was tust du, wenn du damals lebst«*, fragt mich Staszek eines Tages. *»Ich weiß es nicht«*, ist die einzig wahre Antwort. Eine blaugraue Stahlplatte, dünn und eiskalt fährt zwischen uns tief in die Erde. *»Das darf nie wieder passieren«*, sagt Staszek, unterstützt durch seine geballte Faust. Mir fehlt der Glaube, nicht zuletzt durch die hier diskutierten Gewöhnlichkeiten des Lageralltags.

Mai 1998 Karin Graf

Stanisław Hantz

geboren am 22.1.1923 in Wladiwostok
1926: Tod der drei Schwestern bei einer Cholera-Epidemie
1932: Rückkehr der Familie nach Warszawa aus der 1905 ursprünglich vom russischen Zaren verhängten Verbannung nach Sibirien
1933: Tod des einzigen Bruders
Oktober 1939: Verhaftung des 79jährigen Vaters wegen sozialistischer Ideen

21.12.1939: Tod des Vaters kurz nach seiner Haftentlassung
12.8.1940: Verhaftung von Stanislaw (Staszek) Hantz
15.8.1940: Ankunft im Konzentrationslager Auschwitz
März 1941: Tod der Mutter
Staszek lebt 35 Monate im Stammlager Auschwitz und
16 Monate in Auschwitz II-Birkenau
1942: 53 Tage Bunkerhaft im Todesblock
März 1941 bis November 1944: Arbeit im Kommando
Zimmerei, u.a. als Fuhrmann, als Zimmermann, beim Aufbau
der Solabrücke, der Flakstellung, des Lagerabschnitts 'Mexiko',
kurze Zeit auch als Läufer
November 1944: Transport in die westlicher gelegenen Konzentrationslager Groß Rosen und Hersbruck
Mitte April 1945 wird Staszek mit seinem Kommando auf den
'Todesmarsch' geschickt und
erreicht am 24.4.1945 das KZ Dachau,
das am 29.4.1945 von den Amerikanern befreit wird

15. August 1945: Ankunft im zerstörten Warszawa
März 1946: Rückkehr nach Auschwitz zum Museumsaufbau
ab Oktober 1946: Besuch des Gymnasiums in Oswiecim
1950-1982: Arbeit in verschiedenen Grubenbetrieben,
zuletzt als Personalchef des Großbetriebes Turow bei Zgorzelec
1952: Heirat mit Regina Zerkowska,
aus der Ehe gehen zwei Töchter, Krystyna und Wanda, hervor
1968 bis 1972: juristisches Studium an der Universität Wroclaw
1974: Herzinfarkt
1982: Pensionierung und Gründung der Zgorzelecer Vereinigung ehemaliger KZ-Häftlinge

Die Verhaftung

Unüberhörbar klopft es an die Tür, irgendwann im Februar 1940. *»Nachts um Zweie«* ist sofort klar, wer das ist. Die Polizei sucht Stanislaw Hantz, Staszeks Vater. Was die Häscher nicht wissen: Der Vater war am 21. Dezember 1939 verstorben. Beteuerungen von Mutter und Sohn helfen nicht weiter. *»Das ist egal, ob das der Vater ist oder der Sohn, Name und Vorname passen, du kommst mit«*, so erinnert sich Staszek an seine erste Verhaftung. Er ist siebzehn Jahre alt. In derselben Nacht ist er einer von hundert Festgenommenen in Warszawa, die zwischen Gewehren in Fünferreihen zum Gefängnis marschieren. Weil auf dem Hof irgendetwas im Gange ist, wird nur ein Teil der Häftlinge eingelassen, an die zwanzig junge Männer warten gut bewacht davor. *»Wir schauen uns an. Ohne Worte. Da gibt es drei Straßen. Wir springen einfach weg, ich in die Hipotecznastraße. Natürlich schießen die gleich. Ein paar treffen sie.«* Staszek will durch eine Wohnung auf die Parallelstraße entkommen. *»Die Leute hören, daß es knallt und horchen die an Tür. Ich klopfe und die fragen, was ich will. Durch, sage ich, auf andere Seite. Da machen die Türe auf und helfen. Ich ziehe Schuhe aus, daß keine Spuren bleiben, da war Schnee.«* Wieder draußen, mischt Staszek sich unter die Passanten, die am frühen Morgen auf dem Weg zur Arbeit sind. *»Da bin ich nicht nach Hause gegangen. Überhaupt nie mehr. Ich wohne bei Verwandte und Freunde in verschiedene Wohnungen und suche neue Arbeit.«*

Sechs Monate später entwischt er nicht, *»da haben die schon gelernt«*. Wehrmacht, Schutzpolizei und SS riegeln die Mar-

schalkowskastraße ab und nehmen alle jungen Männer mit. Im Sommer 1996 schaut sich Staszek diese Ecke noch einmal an, *»alles ist anders, neu gebaut, Straße verbreitert, ein Platz mit Kandelaber«*, der 'Platz der Konstitution'.
Ohne Angabe von Gründen, ohne Anklage, ohne Urteil gehen die Verhafteten zwei Tage später auf Transport. Bei einer Veranstaltung in einer Oberstufenklasse eines westdeutschen Gymnasiums fragt ein Schüler ungläubig nach, ob tatsächlich nichts gegen Staszek vorgelegen habe. Versiert durch viele solche Schulbesuche antwortet er geduldig, *»nein, tatsächlich nichts, in Auschwitz sind Kinder, was haben die gemacht, daß die da sind?«* Dieselbe Frage stellt ihm ein deutscher Historiker, seines Zeichens Spezialist für Konzentrationslager, Staszek ist fassungslos ob dieser Bildungslücke. Wieder einmal wähnt er sich bestätigt: *»Richtig wissen und verstehen, das können nur wir Häftlinge.«* Vermischt er vielleicht Leid mit Fakten? *»Schmerz versteht man erst, wenn man kennt die Fakten.«*
Die neunundvierzig Menschen in Staszeks Waggon spekulieren über den Anlaß ihrer Festnahme und über das, *»was wird sein mit uns«*. Fünfundfünfzig Jahre später beantwortet Staszek die Frage eines katholischen Geistlichen in Oswiecim nach seinem Glauben an Gott damit: *»In meinem Waggon haben welche gebetet, laut und viel, haben gesagt, auch hier wird Gott sein. Nur ich bin geblieben, trotzdem daß ich habe nicht gebetet. Was soll ich glauben?«* Und war Gott in Auschwitz? Bitter sagt er: *»Ja, war der, und hat der alles gesehen. Na, und was?«*
Morgens, zwischen Tag und Nacht, erreicht der Transport Auschwitz, *»wir sehen den Namen, niemand kennt ihn«*. Dann Endstation, Geschrei, Hunde. Die Frankfurter Künstlerin

E.R.Nele baute 1982 ihr Kunstwerk *'Die Rampe: Anfang und Ende'*. Staszek mag es ganz besonders: »*Trotzdem bestimmt gemeint ist die Judenrampe, ist das für mich Bild davon, wie ich ankomme. So war das für mich. Sie haben die Waggons hinten und vorne aufgemacht. Die SS schlägt mit Gewehren und Kolben. Manche fallen. Hat jemand seine Mütze auf, bekommt der Schlag auf Kopf. Wie kann jemand, der da selbst nicht war, das so gut machen?*« Das Kunstwerk steht an einer belebten Kasseler Straße, direkt am Zugang zur Universität. An Staszeks Freude über das gelungene Mahnmal frißt die Angst: »*Bestimmt schmeißen die Studenten die Rampe weg in ein, zwei Jahre, was soll die immer in Auge drücken von die junge Leute.*«

Die 1668 Männer des ersten Warschauer Transportes formieren sich zum Einmarsch ins Lager durch das Tor mit der Inschrift 'Arbeit macht frei'. Für Staszeks Tochter Krystyna ist 'Arbeit macht frei' der erste deutsche Satz, den sie kennenlernt. Sechsundfünfzig Jahre nach Staszeks Ankunft in Auschwitz wird seine Tochter Wanda davon sprechen, daß ihr Vater wieder viel und oft über Auschwitz rede und sie fürchte, er werde davon krank. »*Ich habe den Eindruck, er kehrt nach Auschwitz zurück.*« Siebenundfünfzig Jahre nach Staszeks Ankunft in Auschwitz wird er auf die Frage, ob es Tage in seinem Leben gebe, an denen er nicht an Auschwitz denke, antworten: »*Vielleicht nicht*«. Die Wörter kullern unentschlossen von seinen Lippen, bis sie von einem »*das kommt immer, das laßt mich nicht*« erfaßt werden.

Im Lager gibt es später ein Gerücht, so erzählt Staszek an jenem Tor, daß das »B« absichtlich auf den Kopf gestellt angeschweißt wurde, um den Neuen den ersten Hinweis zu geben, daß hier

»alles verkehrt, nicht richtig, unrecht« sei. Heute bezweifelt er diese aufrührerische Version. Es könnte eine nachträgliche schönfärberische Interpretation des Widerstandes gewesen sein, befürchtet er. Seine Haltung zum organisierten Widerstand ist heute von Skepsis getragen. *»Manche ehemalige Häftlinge erzählen, daß sie waren beim Widerstand und waren die gar nicht. Auch was wird geschrieben in Bücher, weiß ich nicht, ob das alles ist wahr.«*
Zurück zum ersten Tag in Auschwitz. *»Wenn ich durch Tor gehe, werde ich bald wissen«*, sagt Staszek, *»daß ich durch Arbeit nicht frei werde sein«*. Hinter dem Tor, *»da sind verschiedene SS-Leute. Wir sehen Leute in solche Anzüge. Ich denke, wir werden nicht bei Bauern oder in Fabrik arbeiten, vielleicht ist das ein Zuchthaus. Jeder ist unruhig«*. Beim Appell gibt es wieder Schläge, sie werden rasiert, mit Häftlingskleidung ausgestattet, jeder erhält einen Zettel mit einer Nummer. Die 2049 für Staszek. Wie Messerschnitte blitzen die Worte: *»Wenn ich bekomme Nummer, bin ich kein Mensch mehr, kein Hantz, kein Stanislaw.»* Und dann erklärend zur Aufnahme: *»Das war nicht einfach so rasieren und anziehen und so weiter, war alles mit Schikane. Dann hält uns der Lagerführer Fritsch eine Rede, daß das hier ist kein Sanatorium, sondern ein deutsches Konzentrationslager, ja deutsches, das ist wichtig, und daß wir nur durch den Schornstein vom Krematorium wieder rauskommen. Ich sehe, da laufen zwei mit Kiste, schnell, dünn wie ein Streichholz, und ich denke, wie die laufen, so werde ich auch machen. Vielleicht kann ich so leben. Ich muß leben. Ich muß nach Hause.«* In Anlehnung an die Befehlsformel 'im Laufschritt, marsch, marsch', folgt heute auf das deutsche Wort 'laufen', wo immer

es fällt, unweigerlich Staszeks »*marsch, marsch*«.
Abends im Block trösten sich die Neuzugänge gegenseitig mit Beteuerungen über das bevorstehende Ende des Krieges, das ihre Hoffnung spätestens auf den nächsten Winter terminiert.
Die Geschichte seiner Aufnahme ins Konzentrationslager Auschwitz erzählt Staszek mit schwerer Stimme. »*Ja*«, sagt er, »*das stimmt. Gehe ich als Knabe rein und komme ich raus, weiß ich viel, vielleicht zu viel für ein Leben.*«
Nur selten betritt er das Museumsgelände durch den Eingang, meistens benutzt er dazu den Museumsausgang, ein kleines eisernes Tor neben dem ehemaligen Aufnahmegebäude, das nur von innen zu öffnen ist. Dort ruft er eine Besucherin oder einen Besucher und bittet, ihm den Ausgang zum Eintreten zu öffnen. Aufgeregt, mit kurzer Luft und lautem Ausatmen betritt er das Museum, dessen Sujet sein Leben ist.

Rzeczpospolita Polska
Przejście graniczne
Zgorzelec
FENSTER UND TÜREN AUS KUNSTSTOFF

»Warum ist deine Karre nicht voll«, sagt Staszek tadellos und weiß, was er sagt. Derselbe Satz galt damals in seinen allerersten Auschwitztagen einem Mithäftling bei der Arbeit in der Kiesgrube, *»läßt der Karre fallen, steht der in Stillgestanden und sagt auf polnisch 'verstehe ich nicht'. Ich habe das auch nicht verstanden, 'hol den Dolmetscher' sagt der SS-Mann zum Kapo*[1] *und meint der den Knüppel«*. Dann wird der Verständnislose in einer benachbarten Baracke zum Verstehen geprügelt. Staszek duckt sich unter jedem Schlag, den er beim Erzählen gegen die Luft vollstreckt. *»Ist der zurück und läßt sich die Karre, voll ... voll machen.«* 'Voll' ist eines von Staszeks ersten deutschen Wörtern, nonverbal seinem Körper unauslöschlich eingebläut, rechterhand vor dem Tor zum Stammlager, heute unschuldig grüne Wiese, damals jene Kiesgrube und zugleich Ort einer der ersten Hinrichtungen. 'Arbeit macht frei', kennt er zu diesem Zeitpunkt bereits, wie auch 'hast du verstanden' und das zackige 'jawoll', das unabhängig von jeglichem Wahrheitsgehalt unmittelbar zu folgen hat. Die Deutschstunde in der Kiesgrube lehrt Staszek noch mehr, *»wenn ich will leben, dann muß ich Deutsch lernen, wenn schneller, dann besser«*.

Aus der Schule bringt Staszek nur ein paar mangelhafte deutsche Brocken mit nach Auschwitz, *»Dreie habe ich gehabt, Zweie das war am schlechtesten«*. Neben den Befehlen und den dazugehörigen Unterwerfungsfloskeln erinnert Staszek seine ersten ihm hingeschnauzten Deutschkenntnisse mit 'raus, weg, Schwein, Hund, Scheißpole, schnell, bewegt euch' und Vergleichbarem. Einige wenige Wochen unterrichtet ein Schlesier,

selbst des Deutschen nicht ganz mächtig, die Jugendlichen von Block 5. »Wer reitet so spät durch Nacht und Wind? Es ist der Vater mit seinem Kind ...«, deklamiert ein Junge in diesen Stunden so innig und oft, daß Staszek Goethes 'Erlkönig' mit seiner dramatischen Erzählung eines beschützten Kindstodes bis heute im Gedächtnis blieb. *»Und war da noch einer«*, fällt ihm ein, *»hat der Völkische Beobachter genommen und vorgelesen auf Polnisch, fließend von Deutsch auf Polnisch.«* Staszek läßt sich von deutschkundigen Polen Wörter und Sätze übersetzen und lernt über das Singen. *»Auf 22»*, gemeint ist mit dieser Formel die Blocknummer, *»aber das war später, 1942, da war ein Vertreter von Blockältester, der hat übersetzt deutsche Lieder auf Polnisch, darum daß wir verstehen, was wir singen.»*
Das erste in einem normalen Ton an ihn gerichtete deutsche Wort eines Deutschen ist Staszek unvergeßlich. *»Du singst zu hoch«*, macht ihn ein Kapo beim Marschieren aufmerksam und ein Landsmann übersetzt ihm das. Die ersten in Deutsch geführten Gespräche datiert Staszek in das Jahr 1941, zum einen mit seinem Zimmereimithäftling Schorsch Neugebauer oder Neubauer, zum anderen mit seinen SS-Posten, *»solche paar deutsche Worte ohne schlagen ohne schreien. Da soll ich für den in Kamin von leere Häuser Speck suchen. Wenn ich finde, schneidet der mir ein Stück ab, soll ich gleich essen und nicht erzählen. Das ist Anfang mit die Sprache mit SS, normaler Kontakt«*, sagt er und lacht in das Sinnieren über das Wort 'normal' hinein. Erweiterung erfahren Staszeks Deutschkenntnisse vor allem bei Fahrten mit dem Pferdefuhrwerk außerhalb des Lagers, unvermeidlich bewacht von einem deutschen Posten. Staszek schlüpft flugs in beide Rollen: er vorne sitzend, den

Deutschen im Genick, linke Hand am Abzug, die rechte am Kolben eines gedachten Gewehres, das er im Doppelpart gegen sich selber richtet. Mitten in das Bild dieser abstrusen Lehr- und Lernsituation stellt er seine Wörter: »*Trotzdem der hat mich mit Gewehr, manchmal fragt der, wo fahren wir, wo komme ich her, warum im Lager so ein Kind und so weiter und so komme ich zum deutschen Sprechen.*« Und dennoch bleibt der beste Posten der, der hört »*spreche ich deutsch, aber was für Deutsch, da sagt der, ich kann Polnisch, kannst du ruhig polnisch sprechen.*« Er ergänzt gegen jedes Mißverständnis, »*für mich war auch deutsche Sprache schrecklich*«.

Wann hat Staszek nach dem Krieg wieder Deutsch gesprochen? Im Museum, so erinnert er sich, wenn er – allerdings nur ungern – deutsche Besucherinnen und Besucher führt. Natürlich liest er dort die deutschen Dokumente, deren Auswirkungen er als Häftling zwar zu spüren, aber nie zu sehen bekam. Jahrzehnte später, als in Zgorzelec die Grenze ins deutsch-demokratische Görlitz geöffnet wird, scheitern seine deutschsprachigen Gehversuche mehrmals an den deutschen Grenzern. Staszek baut sich breitbeinig auf, verzerrt sein Gesicht zu einer fürchterlichen Grimasse, »*hat der Hände in Taille, Mütze mit Schirm und spricht der deutsch*«. Das Scheusal scheint perfekt, der Ton läßt schaudern – mehrmals kehrt er dem deutschen Land unverrichteter Dinge den Rücken zu und läuft zurück in sein Polen. Trotz seines Privilegierten-Passierscheines geht er nur selten in die DDR hinüber und wenn, dann »*am besten nur mit Regina zusammen*«.

Als sie auf Einladung des Maximilian Kolbe-Werkes nach Freiburg reisen, fallen seine Schranken gegen Deutsche und ihre

Sprache, *»habe ich mich durchgedrückt«*. Von ihrer Gastfamilie Schönbein werden sie mit einem Transparent begrüßt: 'Serdecznie witamy', zu Deutsch: herzlich willkommen, steht an ihrem Haus in einer der – neben Auschwitz – weltweit deutschesten Gegenden, dem Schwarzwald. Noch an anderer Stelle reiben sich Auschwitz und der Schwarzwald. Durch ein zufällig geöffnetes Fenster in der ehemaligen Kommandantur des Stammlagers werfen Staszek und seine Begleiterinnen und Begleiter einen heimlichen Blick in einen früheren Büroraum, vielleicht sogar jenen des Kommandanten. Die Wände hängen voller Kuckucksuhren aus dem Schwarzwald, eine polnische Familie, die diese Räume jetzt bewohnt, hat sie wohl gesammelt. Die Deutschen zucken zusammen, Staszek kann mit ihrem Schrecken nichts anfangen, *»besser da hängen Uhren als da sitzt der Höss«*.

'Es tut mir leid, was mein Volk Ihnen und Ihrem Volk angetan hat' – dieser Satz einer Heidelberger Professorin, versöhnt Staszek und Regina nachhaltig.

Staszeks deutsches Vokabular ergänzt sich in den folgenden Jahren mit positiv besetzten Wörtern wie 'klug', 'herzlich' oder 'freundlich'. *»Dann kommen Deutsche hierher zu uns nach Hause, Gruppen, Freunde. Das ist schon keine Lagersprache. Habe ich keinen Abstand, schmeiß ich mich nicht mehr weg von solche Sprache, von der ich früher gleich Angst habe.«*

Am leichtesten fällt ihm der Kontakt zu einem österreichischen ehemaligen Auschwitzhäftling. *»Mit dem Hermann Reineck habe ich gleich Verbindung gehabt. Wie – das ist nicht zum Erzählen.«*

Unübersehbar: Die beiden alten Männer begegnen sich mit weichen Gesichtern, einer anrührenden Zärtlichkeit und Fürsorge. Unversehens verschwinden sie hinter ihrem Wall von tausend stillen und erlebten Wörtern. *»Mit dem Hermann spreche ich deutsch, da sagt der, na hast du im Lager gut Deutsch gelernt, hast du auch gute Lehrer gehabt und hast du schöne Reise gemacht von Auschwitz bis Dachau, ohne bezahlen, nicht billige Reise. Mit dem kann ich so sprechen, andere versteht nicht solche Witze.«* Stellvertretend für jene zeigt er sich selbst den Vogel, vermutlich auf Polnisch.

Manchmal berichtet Staszek von irgendeiner polnischen Person voller Bewunderung in der Stimme, *»spricht die so schönes Polnisch, ohne Akzent«*, als handle es sich um einen Charakterzug.

[1] Als 'Kapo' wurden Funktionshäftlinge der sogenannten Häftlingsselbstverwaltung bezeichnet.

Zwiebeln

In zwei Waggons sind Zwiebeln – wie ein Lauffeuer greift diese Parole um sich. Die Häftlinge entladen Waggons mit Bauziegeln, mit einem Arm voll, *»bestimmt zwanzig Kilo«*, im Laufschritt zum Bauhofplatz, im Laufschritt zurück. Einer huscht aus der Reihe, zum Zwiebelwaggon, löst den Riegel einer kleinen Tür aus der Verankerung, dahinter lagern zu festen Ballen gepreßte Trockenzwiebeln. In einem günstigen Moment spurtet auch Staszek zum Zwiebelwaggon, zwängt mühsam seine Hände zwischen die steinharten Knäuel und reißt eine Hand voll heraus. Entgleitet einem Häftling ein Ziegel, wird dies als Sabotage geahndet – stehlen erst recht. *»Ein Schutzpolizist vom Magazin sieht, daß Zwiebel fehlen, macht der Meldung beim Lagerführer«*, mit dem Ergebnis, daß das Kommando zur Unzeit zurück ins Lager marschieren und antreten muß.
Dann geht alles ganz schnell, routiniert. *»Durchzählen, jeder Zehnte tritt raus. Eins – zwei – drei – vier – fünf und so weiter, auf Deutsch zählen haben wir gleich am Anfang gelernt.«* Jeder Zehnte soll hingerichtet werden. Staszek denkt nicht und fühlt nicht: Er ist ein Zehnter. Die anderen marschieren zurück zur Arbeit, die Todeskandidaten warten, wortlos, jeder gemeinsam mit seiner Einsamkeit, eine Stunde lang. Dann erscheint der Lagerälteste, der zynische Barmherzigkeit verkündet: *»Der Lagerführer hat euch einen großen Gefallen gemacht, ihr werdet nicht erschossen. Ihr geht zur Strafkompanie.«* Sie nähen den schwarzen Erkennungspunkt der Strafkompanie auf den Jackenrücken und unter die Nummer, *»Strafkompanie, das wissen wir schon, ist fast wie Strafe auf Tod, vielleicht noch eine*

Woche«. Dann unterbricht sie ein SS Mann und gibt ein neues Strafmaß bekannt: eine Stunde Pfahlhängen. *»So war Auschwitz. Leben und Tod, nur sehr kurze Zeit dazwischen. Konnte man tot sein wegen irgendwas oder ohne Grund. War Angst, Tag und Nacht, jeden Tag, immer.«*

Wann erinnert er sich an diese Zwiebeln? *»Manchmal gehe ich in Garten, ziehe eine frische Zwiebel oder Porree aus Erde«*, er wischt etwas nicht Vorhandenes an der Hose ab, *»beiße ich ab wie Apfel und esse ich. Warum das so ist, weiß ich nicht, macht Körper das mit mir.«* Staszeks jüngere Tochter Wanda hat ihrem Vater über die Jahre oft dabei zugesehen, wie er frisch geerntete Möhren oder Lauchstangen ungewaschen draußen im Garten ißt, was in ihr seinen Hunger im Konzentrationslager wachruft. Staszek erzählt die Geschichte vom Zwiebeldiebstahl an den Schienen, die außerhalb des heutigen Museums jenseits einer breiten Straße verlaufen. Da, wo heute der Besucherparkplatz ist, längst jene viel befahrene Straße gebaut wurde und nicht weit entfernt ein Lebensmittelladen, eine Plakatgalerie und andere kleine Händler ihren Geschäften nachgehen, da waren der Bau- und der Industriehof. *»Das sah hier alles ganz anders aus damals«*, sagt Staszek, dabei zerschneiden seine Hände die Luft. Er mag es nicht, daß Spuren verschwinden. Er mag es nicht, daß die Bäume im Lager wachsen, er mag nicht, daß die Sträucher geschnitten werden, er mag nicht, daß die Bordsteinkanten nicht weiß gestrichen sind wie damals, er mag nicht, daß Schriftzüge auf den Gebäuden verblassen und die Baracken 'seiner' Zimmerei abgerissen wurden. Er deutet über das Gelände dies- und jenseits der Gleise: *»Das war alles Lager, aber das Leben geht weiter«*, und irgendwie laut vor sich hindenkend,

»für mich ist Leben auch weitergegangen«.
Veränderungen mag Staszek nicht, weil er Angst hat, es glaubt ihm keiner. *»Da waren Baracken bei den Schienen, die sind schon 1940 abgebrochen worden, beim Abreißen graben wir Meerrettich aus, den essen wir, beißen einfach ab, trotzdem der ist scharf, gegen Hunger. Vielleicht glaubt mir das keiner. Jetzt ist da nur ein Parkplatz, eine breite Straße, Geschäfte. Ich sehe alles von innen, wie damals. Meine Augen sind immer noch im Lager. Nein, muß ich richtig sagen«*, ergänzt er, *»ich selber bin noch im Lager«*. Nachdenklich reiht er eine Kette auf: Veränderung ist wie Zerstörung, Zerstörung wie Vernichtung, *»Vernichtung, das war die Sache der Nazis, erst die Menschen, uns, dann die Akten, die Krematorien, die Spuren.«*

Der Knopf

Staszek weiß nicht mehr, wer es war – wohl einer der Häftlinge, die oben auf jenem Dachboden vom Todesblock, damals noch Block 13, Nazidienste zu verrichten haben. Dieser flüstert ihm zu, den obersten Knopf von Hemd und Jacke zu öffnen, bevor er für eine Stunde an den Pfahl gehängt wird. Dann werden ihre Hände auf dem Rücken gefesselt und an Ketten so weit hoch gezogen, daß die Zehen den Boden nicht berühren. *»Nach paar Minuten kommen Arme über Kopf. Wenn Füße wieder auf dem Boden sind, dann ziehen sie die Kette wieder höher.«* Staszek führt die Situation vor. Er faßt beim Erzählen seine Hände hinter dem Rücken an und drückt sie ein paar Zentimeter mit der eigenen Kraft nach oben: *»Geht nicht. Kann ich schon nicht mehr, habe ich zu alte Knochen.«* Seine rechte Hand wischt die Luft sauber und macht seinem Schalk Platz: *»Heute bin ich noch jung, aber vielleicht in zwei Tagen ist schon anders. So sage ich jeden Tag.«*

»Alte«, erzählt er beim Gang durchs Lager des öfteren, *»die leben nur ein paar Tage, vielleicht nur ein paar Stunden. Wenn wir am Anfang nur Sport machen, den ganzen Tag – wenn ich damals so alt bin wie heute, lebe ich nicht länger als ein Tag im Lager.«*

Staszek, bereits mit seinen siebzehn Jahren mit einem sicheren Gefühl für Menschen und Situationen, befolgt den Rat seines Mithäftlings, seine Knöpfe aufzumachen. Warum? *»Der darf nicht mit mir sprechen und macht das und macht das auch so geheim. Der arbeitet da und weiß schon was. Warum soll der Schlechtes für mich sagen. Gibt es keinen Grund.«* Staszek gibt sein Wissen an seine Leidensgenossen weiter, nicht alle halten sich daran. »*Wenn man so hängt, dann drückt der Knopf und Gesicht wird blau. Es ist so, daß der, der auf uns aufpasst, ein paar den Knopf aufmacht, aber nicht für alle. Dann ist Gesicht blau.*« Nach einer Pause fügt er fast beiläufig hinzu: »*Ein paar sind dort tot geblieben. Waren das am meisten die Starken und Dicken, ja.*« Und die Lebenden? »*Am schlimmsten ist es, wenn sie die Hände abmachen. Die fallen herunter wie Knüppel. Manche haben in die Hose gemacht. Manche sind ohnmächtig, manche können nur noch kriechen. Kriegen die paar Tritte und läuft die wieder.*« Staszek geht nochmal zurück: »*Nicht alle mit Gesicht blau, sind tot. Sind auch welche tot, wenn Gesicht nicht blau.*« Warum wird er nochmal so genau? »*Daß man sieht, daß ich weiß genau, daß man kann glauben, daß ich war in Auschwitz*«, sagt er – und irgendwann auch, »*schlechtes Gewissen habe ich damals und vielleicht immer noch, daß ich lebe und die nicht. Was erzählt der, sagen die, was will dieser Knabe hier alles wissen. Haben die mehr Jahre wie ich und ich lebe das durch*«. 'Durchleben' ist eines von Staszeks ganz eigenen Wörtern – eine Mischung aus durchmachen, im Sinne von erdulden müssen, und überleben.

Bei der Diskussion um die Endfassung dieser Texte taucht Staszeks Angst, man könne ihm nicht glauben, noch einmal auf, »*mache ich Prüfung, ob ich war in Auschwitz*«.

Den Mangel an Autorität, aus seiner Jugend resultierend, spürt er schon in den ersten Lagertagen, wenn ihnen als Häftlingsmahlzeit Brot und Margarine serviert werden und einige trotzig auf Butter insistieren. »*Die wirft das weg, wie lange kann der die Margarine nicht essen? Lebt der nicht länger wie eine*

Woche. Wenn solcher Knabe wie ich dem sage, daß es wird Butter nicht geben, da lacht der nur.« Die Gratwanderung zwischen nachgeben können und eine lebensnotwendige Selbstachtung wahren, scheint Staszek schon in jungen Jahren geläufig.
Das erste Pfahlhängen blieb ihm nicht in sehr schlimmer Erinnerung. *»Ich habe das nicht fest gefühlt. Vielleicht weil ich so frisch im Lager war.«* Ganz anders erinnert er dieselbe Strafe, allerdings drei Stunden lang vollzogen, während seiner Bunkerhaft[1] . *»Das waren nicht drei Stunden auf einmal. Jede Woche eine Stunde. Das tut weh. Die dritte Stunde dritte Woche – da kann man schon sein Brot nicht mehr halten. In der Schulter tut es nicht weh. Aber die Hände, sie müssen den ganzen Körper halten. Bis jetzt habe ich kranke Hände«*. Es klingt so, als erwarte er noch eine Besserung. Drei Finger seiner rechten Hand sind fast steif, *»Werkzeug kann ich nur mit zwei Finger gut halten«*. Er kramt ein altes Foto heraus, das ihn mit einer Aktentasche unter dem Arm zeigt, die er zwischen Daumen und Zeigefinger festhält. *»Ich muß so machen, weil ist mir paarmal heruntergefallen und weiß ich nicht wann, habe ich nicht bemerkt.«* Unter dem Lagerkommandanten Liebehenschel wird diese Strafe abgeschafft, *»das muß unbedingt aufgeschrieben sein, weil sollen die Nazis nicht schlechter gemacht sein als sie sind.«*
Ganz unvermittelt flattert Staszek weg vom Pfahlhängen in eine umständliche Geschichte über den freundlichen Empfang seines Kommandos nach seiner Bunkerentlassung. Auf den abrupten Wechsel angesprochen: *»Als ich Führer im Museum war, habe ich auch so gemacht. Wenn war schrecklich, habe ich gleich Gutes erzählt. Die Leute können das nicht aushalten, da hören die*

nicht zu.« Und er, kann er es aushalten? Wortlos schüttelt er den Kopf. *»Auschwitz war ein Haufen Mist. Aber wächst dort eine kleine Blume. Ist gut, kann ich viel erzählen von diese Blümchen und nicht von Mist. Siehst du«*, sagt er, *»war auch so in Birkenau. Ich habe nicht mehr gerochen das Verbrennen von die Leichen. Dieser Rauch ist gezogen durch unsere Kleider. Wir haben nur noch gesagt, no, das brennt und brennt. Aber wenn man so denkt, Mensch, da brennen Leute und Leute. Das geht nicht, das hält man nicht durch und vielleicht lebt auch nicht durch. Aber manchmal muß man denken trotzdem.«* Noch lange Jahre während Staszeks Arbeit im Museum, als in Birkenau längst keine Menschen mehr brennen, riecht Staszek noch immer den Rauch – solange, bis sich das Wissen vor die Gefühle stellt.

[1] Der 'Bunker' ist ein Gefängnis innerhalb des Konzentrationslagers. Bunkerhaft wurde in Auschwitz u.a. wegen angeblicher oder tatsächlicher Vergehen gegen die Lagervorschriften verhängt. Sie wurde z.T. in Dunkelzellen vollzogen, war von außerordentlicher Willkür der SS geprägt und endete für die Mehrzahl der Bunkerhäftlinge mit dem Tod.

Leichenhalle

»Willst du essen?« fragt ein Kamerad des ersten Warschauer Transportes, natürlich will Staszek, *»wer will in Auschwitz nicht essen, wer hat hier keinen Hunger?«* und schöpft von ganz unten aus dem Kessel eine Kelle voll dicker Suppe in das Essensgeschirr, das Staszek ihm hinhält, beim Erzählen glänzt Freude in seinen Augen. Das Kommando jenes Kameraden marschiert zum Mittagessen nicht wie viele andere ins Lager, sie essen an ihrem Arbeitsplatz, dem Krematorium I im Stammlager. Ihre Rationen sind üppiger, so daß auch mal eine 'Gästeportion' übrig ist. Der Suppenkessel, mittags gibt es immer Suppe, steht an jenem Tag in der Leichenhalle. Dort ißt Staszek seine »Sonderration«, dort ißt auch das Kommando, *»wenn nicht zu viele Leichen da liegen«*. Ansonsten und im Winter wird im Nebenraum gegessen, *»da, direkt neben den Verbrennungsöfen. Dort brennen die Leichen und ein paar Schritte weiter, da essen die.«* In den Gesichtern seiner Zuhörerinnen und Zuhörer lesend, ergänzt er: *»Die haben keine Extrastube zum Essen.«* Als zweifle er jetzt selbst, holt Staszek die Szene zurück, geht in eine Ecke der Leichenhalle, *»ja, hier habe ich gegessen, da liegen die Leichen, Beine und Arme verrenkt, der Mund offen oder nicht – lieber esse ich bei dem Ofen, da sehe ich keine Leichen«*. Wie oft war er da? *»Von Zeit zu Zeit. Immer dann, wenn welche aus dem Jugendlichenblock zum Häftlingsrevier gerufen werden, weil die Leichenkiste schon voll ist. Im Krematorium werfen wir die Leichen hier hin«*, Staszeks Gedanken hängen sich flüsternd an das Wort 'werfen' – damals scheint normal, was hart und pietätlos ist – und entschließt sich für die frühere

Wahrheit, *»ja kann man sagen werfen – ohne Handschuhe, mit gleiche Hände esse ich dann auch, ohne waschen. Die Kiste bringen wir wieder zurück. Ich bin froh, wenn die uns holen. In der Zeit, wo mein Kamerad hier arbeitet, kann ich immer Suppe essen«*. Leichen haben bereits nach einigen Monaten Auschwitz für Staszek und die anderen Jugendlichen ihren Schrecken eingebüßt. Ein Schock war der erste Leichenberg, bei einem neunstündigen Appell im Schneeregen, Rache für eine vermeintliche Flucht: *»Vielleicht dreihundert Leichen haben wir damals zum Krankenbau gebracht.«* Er holt sein *»liebstes Buch«* aus dem Bücherregal und findet im Handumdrehen die gesuchte Passage, *»das war am 28. Oktober 1940, 120 Tote, Ohnmächtige und Kranke«*, sagt er, *»die Danuta hat mehr Recht als ich«*. Gemeint ist damit das 'Kalendarium der Ereignisse im Konzentrationslager Auschwitz-Birkenau 1939-1945' von Danuta Czech.
Wortlos und unsicher bewegen sich die Besucherinnen und Besucher im Krematorium. Staszek geht durch die Leichenhalle als wäre er zu Hause, zeigt kopfschüttelnd auf ein in die Wand geritztes Hakenkreuz, *»warum machen die das nicht weg«*, entrüstet er sich laut. An den Öfen legt er ein Blumengebinde zur Seite und schiebt, ganz selbstverständlich, den beweglichen Aufsatz in den Brenner. Der museale Charakter zerrinnt mit der intakten Technik ins Heute. *»Auf solchen Wagen legen die wenigstens zwei Leichen. Wenn die klein oder mager sind, auch dreie. Mit dem Blech«*, Staszek führt es vor, *»werden die reingeschoben«*. Anfangs reicht die Kapazität der zwei Verbrennungsöfen aus, später wird ein dritter gebaut, *»als wir«*, das plötzliche kollektive 'Wir' klingt wie ein bedrohtes 'Ich', das sich um alle Häftlinge erweitert, *»schon zehntausend oder mehr sind«*.

»Als Häftling«, so erklärt er sich, *»darf ich hier alles anfassen. Ich bin kein Besucher, ich wohne hier noch – ein bißchen.«* Und seine Gefühle? *»Wie damals.«*

Hat es damals hier so ausgesehen wie heute? *»Nein, hat es nicht. Nicht so dreckig wie jetzt und tausende Leute sehen das. Alles war weiß, auch die Wände. In der Leichenhalle war weiß, ganz weiß. Jeden Tag hat die weiß gestrichen, da wo war blutig. Hat die dort normale Kalk gehabt in Eimer und Bürste auf lange Stock«*, hallt seine Stimme laut durch den Raum.

Eistorte

Mitten auf dem Tisch steht eine riesige Salatschüssel – außen braungrau, innen weiß lasiert, schwere Keramik, auch leer nur mit beiden Händen zu tragen. *»Von Schüssel gibt es Geschichte, war solche große wie diese.«* Allerdings, sie war aus Blech, Inventar der SS-Kantine, randvoll gefüllt mit Abfällen von den Tellern, *»auch mit Zigarren und Asche und alles. Wir haben gearbeitet im Kommando Landwirtschaft, bei den Pferden. War im Winter vierzig auf einundvierzig.«* Staszek lehnt sich zum Erzählen zurück, vergißt das Essen, seine Augen bleiben bei der Schüssel – bald ist er mit ihr allein. Die Vergangenheit schlüpft in die Gegenwart, *»ah, ist vielleicht schon Januar, ist kalt«*. Weder Kapo noch Kommandoführer sind anwesend, wie üblich Anlass nicht zu arbeiten, *»weil«*, so erklärt Staszek strahlend, *»alle Räder drehn für den Sieg und wenn war möglich, haben wir nicht gemacht«*. Vorne am Eingang steht jemand Wache, *»daß keiner geschnappt wird«*. Der Arbeitstrupp Pferdestall organisiert sich vom Rollwagen diese Schüssel mit den Essensresten, die eigentlich für die Schweine bestimmt sind. *»Das war alles Eis, das hat draußen gestanden.«* Es muß schnell gehen, *»man weiß nie, was wird sein nächste Minute«*. Die Schüssel wird mit der Öffnung nach unten auf den Boden geklopft, mit Wasser übergossen, die herausgelöste 'Eistorte' mit einer Axt möglichst gerecht in achtzehn Teile zerschlagen. *»Da haben wir von dem Eis gebissen. Ich habe gefühlt in Mund Fleisch und Kartoffel, auch Tabak – da haben wir gespuckt und weitergegessen. Mir war dann kalt, sehr kalt, von innen.«* Staszeks Unterarme und Hände legen sich wärmend um die Taille. *»Für alle ist*

kalt.« Die Kälte kriecht den Häftlingen nach und nach von innen nach außen auf die Haut. Staszek überredet einige Kameraden, mit ihm an der großen Handmühle Hafer zu mahlen – schneller, schneller, treibt er sich und die anderen an. *»Die wollen nicht. So bleibe ich mit noch einem anderen an der Mühle. Arbeit ist schwer, ich bin schon eingewärmt, nach paar Stunden ist schon besser.«* Am nächsten Morgen können einige Häftlinge aus Staszeks Kommando nicht aufstehen, sie haben Durchfall, Magenschmerzen, Schüttelfrost. *»Die mit mir in Stall kommen, sind auch nicht richtig. Trotzdem wir sind schwach, sage ich, wir müssen weiter mit Mühle arbeiten. Ich fühle, für mich ist warm gut. Woher kann ich was Warmes nehmen, denke ich, nur von mir.«* Der Satz bleibt irgendwie schräg im Raum hängen. Staszek meidet seit jener Zeit Eis und kaltes Essen. Gibt es Kompott zum Nachtisch, muß heißes Wasser zugesetzt werden, bestätigt Regina. Das gleiche gilt für Bier und Mineralwasser. *»Kaltes esse ich nur dort, wo es nicht so weit ist von Toilette, sonst habe ich Angst. Alles was in Kühlschrank steht, ist zu kalt. Auch im Lager esse ich Suppe nicht, wenn die von Mittag bis Abend im kalten Block steht, trotzdem daß ich immer habe Hunger.«*
Zwei Jahre später erzählt Staszek die Geschichte von der Eistorte noch einmal, dort bei den Landwirtschaftsbaracken gegenüber dem Tor, diesmal bis zu einem Ende. *»Von den achtzehn Leuten bin nur ich geblieben und ein Häftling mit einem Buckel. Weiß ich nicht mehr, wie der heißt, welche Nummer der hat.«* Leise und knapp klemmt er zwischen diesen und den nächsten Satz, *»die anderen sind gestorben – ich bin zu jung, darum wollen die mir nicht glauben, daß wir arbeiten müssen*

für wärmer von innen. Die ganze Gruppe ...« ist tot – kommt nicht mehr über seine Lippen, er nickt nur auf Nachfrage. Als er irgendwann von seinen Freunden im Lager erzählt, kehren diese 'achtzehn' als sein erster großer Abschiedsschmerz wieder zurück.

Ruckartig dreht er sich von der Landwirtschaftsbaracke weg und setzt sich in Bewegung. Nach einigen Schritten deutet er ausladend auf ein kleines Haus hinter den Ställen: *»Das war Schweineküche.«* Unbefangene Besucherinnen und Besucher können nicht wissen, daß dieses Haus und die angrenzenden Gebäude einmal Teil des Lagers waren. Staszek meint, dafür auch die Erklärung zu kennen: die einflußreichen Museumsleute, selbst ehemalige Häftlinge, kamen aus den Büros und der KZ-Verwaltung. *»Die haben keine Verbindung zu Werkstatt, trotzdem die waren gut. Schmiede, was ist das? Werkstatt, Quatsch, Zimmerei, abbrechen! Die fühlen nicht wie ich in dieser Sache. Dort in kleine Haus haben wir Kartoffel gekocht für Pferde, Kühe, Schweine, welche waren krank. Wenn war möglich, habe ich davon gegessen.«*

»Ich koche jeden Tag ein bißchen mehr«, sagt Regina leise, fast klingt es wie ein Geständnis, *»Kartoffeln und andere Reste lasse ich auf einem kleinen Teller in der Küche stehen. Jede Nacht steht Staszek auf und klaut sich etwas davon.« »Organisiere ich«*, verbessert Staszek sie, *»am liebsten Pellkartoffeln. Aber ich weiß bis jetzt nicht, daß Regina das weiß.«* Seit wann ist das so? Regina erinnert sich nicht daran, daß es irgendwann anders gewesen sein könnte. In den ersten Ehejahren verschwand sehr viel Eßbares aus der Küche, dann einen langen Zeitraum weniger, derzeit nimmt es wieder zu. *»Es gab Zeiten, da habe ich die*

doppelte Portion Pellkartoffeln gekocht.« Organisiert Staszek nur zu Hause oder vielleicht auch bei seinen Töchtern? *»Nein, mache ich nur hier, und nur, wenn keiner sieht.«*
Später erzählt Staszek von einem Zimmereihäftling, *»hat der nie geklaut im Lager, aber hat der viele besucht nach fünfundvierzig und hat der dann geklaut wie Rabe. Kann der nicht aufhören mit klauen. Wir rufen bei die andere an, daß die aufpassen, wenn der kommt.«*

Flieder

Staszek zieht sanft den jungen Historiker des Museums zu dem weit heruntergeschnittenen Fliederstrauch vor Block 15, er erklärt ihm in schnellem Polnisch etwas, deutet zum darüberliegenden Fenster, kehrt immer wieder mit Händen und Blicken zum Flieder zurück, unterdrückte Wut preßt seine Stimme breit. Dann erklärt er in Deutsch: »*Wenn war Blocksperre, schauen wir aus Fenster und sehen, was passiert auf Dalli-Dalli-Straße*[1] *und bei Tor. Sind auch die von Stube eins, war das Feuerwache, zu uns gekommen zum schauen. War wichtig, daß man weiß, was los ist, weil haben wir immer Angst.*« Das erklärt den Ärger nicht! Ungeduldig über soviel Unwissenheit sagt er: »*Ohne Flieder kann man nicht schauen. Flieder haben wir selbst gepflanzt. Wächst der, bis wir können verstecken. Jetzt schneiden die ab und wissen nichts davon.*« Kurz zeigt sich der Graben zwischen erfahrenem und erforschtem Leid. »*Blocksperre heißt, alle Häftlinge sind drinne und schauen bei Fenster ist verboten.*« Blocksperre gibt es bei Fluchten, Lagerbesuchen, neu ankommenden Häftlingskolonnen, »*schauen wir, sind das Polen oder wer, ob kennen wir*«, nach Selektionen, »*wenn die hat Leute zum Vergasen gebracht auf Auto, da schauen wir ob sind Bekannte dabei*«, und – und auch das war streng geheim – bei Leichentransporten von Block 11 zum Krematorium. Die Leichen werden auf einem Rollwagen zum Tor hinausgezogen. Wenn es viele sind, wiederholt sich das mehrmals – eine Blutspur hinter sich herziehend. »*Da ist Ordnung und Unordnung ganz dicht*«, Staszek schubst die Widersprüche mit beiden Händen von sich, »*da malen die Bordsteinkante weiß und dort ist*

Blut auf Lagerstraße. Aber kommt Straßenkehrerkommando und macht weg. Ist wieder sauber.«
Die riesigen Pappeln an der Lagerstraße haben – diesmal in Abgrenzung zum Museum – *»wir«*, die Häftlinge, gepflanzt, dünne Bäumchen, erzählt Staszek und deutet auf jüngere Bäume in der Allee. *»Da sind welche kaputt gegangen, haben wir neue gepflanzt, wenn ich in Museum arbeite. Müssen wir großes Protokoll machen, daß die das erlauben – vielleicht für Flieder müssen die nicht.«*

[1] Die Dalli-Dalli-Straße führt direkt vom Tor 'Arbeit macht frei' ins Innere des Stammlagers. Mit den Worten 'dalli-dalli' wurden die Häftlinge von den Wachmannschaften angetrieben.

Häftlingspaketstelle

Staszek deutet auf eine Baracke zwischen den Blöcken 25 und 26, *»das ist Häftlingspaketstelle«*. Tatsächlich lassen sich die altdeutschen Lettern entziffern. *»Dabei war das so wichtig für uns«*, macht sich sein Unmut breit über den Verfall.
Einige wenige Pakete hatte er von seiner Mutter bekommen bis zu jener Zeit, als ihm ein Warschauer Nachbar von ihrem Tod berichtet. Ein Blockschreiber von 3A kennt jemanden von der Poststelle und ist ihm behilflich, an eine andere Adresse schreiben zu können, *»weil darf man nur schreiben dorthin, was man hat bei Aufnahme angegeben«*. Die Prozedur dauert ein halbes Jahr, mit dem Ergebnis, daß Staszek weiterhin an seine Mutter schreibt, nun aber 'wohnhaft bei' seiner Tante und deren Anschrift. Die Tante, bereits um ihre Habe gebracht, übergibt Staszeks Adresse einer Warschauer Hilfsorganisation, die ihm drei oder vier der erlaubten monatlichen Pakete zukommen läßt, mit dem Üblichen: Brot, Fett, Zwiebeln, Wurst ... *»Da öffnet SS Paket. Wenn Konserve ist, machen sie ein Loch, ob Kassiber oder sonstwas ist. Wenn ist großes Brot, schneiden sie in Teile und alles andere auch. Brief nehmen sie weg, wenn gut ist, darf man vorher lesen. Karte oder Gruß geben sie.«*
Das erste Paket für polnische Häftlinge gibt es Weihnachten 1940. Wer die Möglichkeit hat, darf sich fehlende Wintersachen schicken lassen: Pullover, Handschuhe, Schal und Ohrenklappen, dazu ein Kilogramm Lebensmittel.
Leszek, ein Schulkamerad Staszeks aus Warszawa und guter Freund im Lager, bekommt das heißersehnte Paket mit Brot, Kuchen, Ei, Speck, einer Oblate, einem Tannenzweig, vielleicht

einer Kerze. *»Manche haben ein bißchen geteilt mit andere, Leszek nicht. Der sagt, er will noch nicht davon essen. Aber bei Nacht ißt er unter Decke, alles. Ist der morgens vollgeschissen und kann nicht aufstehen. Und stirbt. Sein Hunger ist zu groß für kleine Magen. Sind Pakete nur gut für die, welche die Kraft haben, das nicht auf einmal aufessen.«* Staszek hat das Glück, daß sein Paket zu spät ankommt, nach dem großen Sterben. Für den Preis des Teilens sperrt er es beim Stubenältesten von sich weg, um Abend für Abend eine Kleinigkeit davon zu essen. Später, als Staszek im Museum arbeitet, stehen eines Tages Leszeks Mutter und Tante vor ihm, *»die wollen ein paar Worte wissen über seine letzte Stunde. Soll ich der sagen, daß der ist gestorben von ihre Paket?«*, schreit er die Umstehenden an, *»nein, sage ich nicht. Sage ich, der hat schlechte Arbeit und kalt und sowas«*.
Wann erinnert er sich an die Lagerpakete, an Leszek? *»Wenn Postbote kommt.«* Der kommt aber jeden Tag! *»Ja, jeden Tag, immer.«*

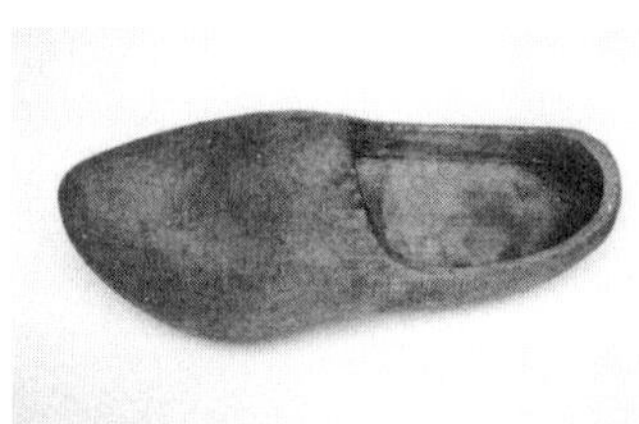

Schuhe

Zufrieden überreicht Regina ihr Mitbringsel aus der Kur. Staszek dreht die hellen Ledersandalen, Größe 40, skeptisch hin und her. Sie passen ihm, sie gefallen ihm, sie sind gut verarbeitet – dennoch mag keine Freude aufkommen. Das war Anfang der 80er Jahre, als es in Polen Schuhe auf Bezugsschein gab, ein Paar pro Person und Jahr. Diese Sandalen hatte Regina ohne Berechtigungsschein in ihrem Urlaubsort an der Ostsee erstehen können, ein Glücksfall. Staszek trägt diese Sandalen kein einziges Mal, *»Sandalen überhaupt nie mehr im Leben«*. In Auschwitz muß er eine Zeit lang Sandalen tragen, die dieses wohlklingende Wort nicht verdienen, eine grobe Holzsohle mit einem Riemen aus Sackleinen. *»Meistens trägt man die unter Arm, sind schlecht zum laufen, weil man verliert. Da ist aber alles im Laufschritt. Laufen kann wichtig sein für Leben.«* Ist es naß, hält sie der Dreck fest, liegt Schnee, klumpt er an ihrer Unterseite.
Schuhe sind für Häftlinge in Auschwitz fast durchgehend ein Problem. Staszeks Schuhe und auch die der anderen, wandern bei der Aufnahme in die Kleiderkammer. *»Am Anfang sind wir barfuß. Früher war das Lager eine Kavallerie-Kaserne. Da war Kies auf Wege und auf Exerzierplatz liegen viele kurze Schuhnägel, die gehen in Füße rein. Die Haut von meine Fuß ist zerrissen bis zum Fleisch. Im Krankenbau geben die mir Papierbandagen. Die sind kaputt nach paar Minuten von Blut und naß.«* Später werden Strümpfe und diese Holzpantoffel ausgegeben.
Vor dem ehemaligen Block für Jugendliche erzählt Staszek von einer Kontrolle der Füße durch den Blockältesten Baltazinski.

»Natürlich, wenn wir laufen barfuß, sind unsere Füße nicht sauber, niemals.« Die Gruppe, fünfzig Jugendliche, wird aus dem Block gejagt. Notdürftig reiben sie ihre Füße mit Schnee ab, der Erfolg ist denkbar gering. *»Da läßt der uns eine Stunde im Schnee stehen. Die Füße tun sehr weh. Wir stehen hier so lange, bis der Schnee unter Füße weg ist.«*
Die Lagerzeit teilt sich an der Frage: *»Habe ich schon Mütze oder nicht – habe ich schon Schuhe oder nicht? Hat schon mein Vater gesagt und hat der recht, ist Kopf und Füße warm, ist alles warm.«*
Im Januar 1996 wirft Staszek, der seinem zimtenen Apfelstrudel mit Vanillesauce verfallen scheint, einen Blick aus einem Café auf eine westdeutsche Fußgängerzone, *»sind die alle viel zu gesund, haben die keine Mütze auf«*, sagt er und ohne Übergang: *»Erst haben wir bekommen Ohrenklappen, das war im Winter 1940. Die Klappe hat Blech zwischen die Ohren, war kalt auf Kopf. Häftlingsfoto haben die gemacht, da habe ich selbst noch keine Mütze. Da haben die eine Mütze für alle und geben mir, weil muß sein Foto mit Mütze. Am Anfang lernen wir Mützen auf und Mützen ab, ohne Mütze.«* War das nicht zum Lachen? *»Ja, ist heute, aber nicht damals.«*
Der mittlerweile fünfzigjährige Schrecken des neunstündigen Stehappells im Oktober 1940 speist sich nicht nur aus dessen Länge, Kälte, den Toten, sondern auch daraus: *»wir ohne Schuhe, ohne Mütze hier im Dreck«*.
»Am 28. Dezember 1940 habe ich meine ersten Schuhe bekommen.« Der Satz klingt so geläufig wie sonst nur Nazi-Befehlsfloskeln. *»Das war Freude. Freude ist zu wenig gesagt. Ist mir warm von Füße«*, Staszek strahlt. *»Stehe ich nicht auf Erde bei*

Appell. Es ist nur kalt von Kopf, aber nicht von Füße. Die bringen aus der Bekleidungskammer Schuhe auf unsere Block, Lederschuhe, gute, braune.« Im März 1941 sind die Sohlen schon durchgelaufen. *»So suche ich nach Möglichkeit für neue oder Reparatur. Ich höre von dem Wicek Weglarz von Zimmerei, daß der macht Sohle aus Holz. Ich gehe zu dem und der fragt, wo ich arbeite, was ich ihm geben kann. No, sage ich, ich arbeite in Landwirtschaft. Dort werden Kartoffel für Schweine gekocht, davon kann ich ihm bringen.«* Das Geschäft gilt mit dem Tausch ihrer Schuhe. Unter Einsatz seines Lebens wird Staszek etliche Tage danach seine alten Schuhe mit neuen Holzsohlen gegen einen Korb Kartoffeln zurückbekommen.

Im Frühjahr 1943, Birkenau versinkt im Schlamm, organisiert Staszeks Oberkapo Reinhold Aurich für ihn ein paar *»Stiefelschuhe. Das war große Rarität, auch für SS. Ich habe Angst, daß die einer klaut. Aber der Häftling aus der Kleiderkammer sagt: Du hast kleine Füße, das ist gut für dich. Und so war auch. Lange Zeit habe ich diese Stiefel.«* Trotz der Aussichtslosigkeit in den nassen Jahreszeiten, putzt Staszek Abend für Abend seine Schuhe, wenn er sie auf dem Kamin seiner Birkenauer Baracke trocknet, setzt er sich davor, *»nicht nur wegen Klauen, auch weil die Sohle kann verbrennen. Da nehme ich die runter, wenn zu heiß, lasse kalt werden und dann wieder. War auch so wenn ich habe geschlafen auf dritte Stock, da sitze ich dort und passe von oben auf.«* Schuhe stehen im Lager hoch im Kurs. So mancher tauscht etwas aus seinem Paket von zu Hause dagegen ein, *»vielleicht sogar ganzes«*.

Kurz nach der Befreiung findet Staszek zwanzig Golddollar hinter den Krematorien II und III in einer Streichholzschachtel.

Er investiert sie in einen Anzug, einen Wintermantel und ein paar Lederstiefel. Hat er Bedenken, daß dies geschrieben wird? *»Nein.«* Regina erinnert sich an diese schönen maßgeschneiderten Schuhe, Staszek trug sie viele Jahre. Ein Foto zeigt ihn in diesen Stiefeln – ähneln sie denen der SS? Regina und Staszek entfährt simultan ein ablehnender Laut und sie benennen tausenderlei Unterschiede. Staszek erinnert sich an ein Paar dreckige SS-Stiefel, draußen bei der Arbeit in einem Dorf. *»Da steigt der SS in Pfütze oder was und laufen Häftlinge, Polen, zu dem hin, zehn oder zwanzig, und putzen mit Hände seine Stiefel sauber, jeder will besser machen wie der andere.«* Staszek hält sich von der devoten Aktion fern, der SS Mann spricht ihn darauf an. *»Haben Sie nicht Befehl gegeben, darum habe ich nicht gemacht. Geben Sie Befehl, dann mache ich.«* Es wird ihm nie befohlen. Gab es dieses unterwürfige Verhalten öfter? *»Gab es«*, antwortet Staszek unleidlich, *»ob oft, weiß ich nicht«*. Dieses Gespräch mag er nicht.
Staszek scheint zu jenen beneidenswerten Menschen zu zählen, die auch bei Waldspaziergängen über dem Dreck schweben. *»Mit Schuhe ist alte Geschichte, schon vor Krieg. Habe ich nur ein Paar Schuhe für Schule, Laufen und Fußballspielen. Da muß ich aufpassen, daß mache ich die nicht kaputt.«* Und seine Biografie auf den Kopf stellend, fügt er hinzu: *»Habe ich schon gelernt für Lager.«*

Perlchen

Staszeks Augen prüfen die Silhouette des SS Mannes, der mag noch fünfzig Meter von ihm entfernt sein, nach wenigen Schritten ist es klar, der ihm da mit einem Schäferhund unaufhaltsam entgegenkommt, ist 'Perlchen'. Staszek weiß nicht, wen er mehr fürchtet: Den Hund oder seinen Herrn. *»Heißt der Perelka bei uns, weil der hat schöne weiße Zähne, wenn der lacht glänzen die wie Perlen. Ist aber schlechte SS.«* Hat er seinen Hund an der Leine? Die Frage ist für Staszek ausnehmend naiv, *»immer ohne, natürlich«*.

Was ist das, ein guter oder ein schlechter SS-Mann? Die Gefahr hat die Sinne geschärft, Staszek fächert unvermittelt seine differenzierte Antwort auf: *»SS ist immer schlecht, kann aber noch schlechter sein. Ist immer besser, ich treffe die nicht im Lager. Da gibt es welche, die oft schlagen und wegen Kleinigkeit. Gefährlich sind die, welche schlagen, wenn keiner sieht. Oder der macht immer Meldung. Gibt es auch solche, die sagen 'fünfundzwanzig Schläge oder Meldung'. Das ist schon besser. Meldung kann sein Strafkompanie oder Bunker, am Anfang auch Stehbunker oder Hängen auf Pfahl. Meldung kann Tod sein. Gibt es auch welche, die nur für Autorität von SS schlagen oder nur, um sich zu zeigen, wenn anderer SS dabei ist. Muß man auch wissen, Schlagen ist nicht Schlagen. Einer schlägt paarmal und noch ein Tritt und 'hau ab' und ist erledigt. Anderer schlägt und sagt, aufstehen und Hände runter und schlägt der weiter. Oder mit Hände oder mit Knüppel.«*

Perelka ist für ihn kein Sadist, aber gefährlich. Staszek erzählt auf der Straße zwischen den ehemaligen Landwirtschaftsbaracken und dem Tor, *»der kommt von da hinten, von linke Seite und ich trage den Korb auf Schulter und halte den mit linker Hand. Da drinne mit Kartoffel, heiß, gekocht. Oben drauf liegt Stroh. Ich weiß, da kann der sehen Dampf. Es ist noch kalt, März 1941.«* Die Angst setzt sich mit in den Korb. Staszeks Kopf arbeitet fieberhaft unter seiner Zentnerlast: Geht er schneller, signalisiert er vielleicht Angst sowohl für Perelka als auch für den Hund. Geht er langsamer, erweckt er vielleicht den Unmut von Perlchen. Er könnte ein Stück weiter vorne abbiegen, bevor sie aufeinander treffen. Das sähe allerdings nach Ausweichen aus, wiederum für Herr und Hund. Staszek entscheidet: Er verläßt die Richtung Zimmerei, um sie ganz aus dem Spiel zu lassen und marschiert geradewegs auf Perlchen zu. Für sich und sein gefährliches Publikum spielt er das Spiel vom Landwirtschaftsarbeiter, unterwegs mit einem Korb Stroh. Wohin?, *»habe ich noch keine Ausrede in Kopf«*. Staszek grüßt vorschriftsmäßig, nicht zu früh, nicht zu spät, zieht seine Mütze *»auch vor dem Hund. Das hilft«*, feixt er, *»habe ich zweimal Glück, fragt Perelka nichts und beißt der Hund nicht«*. Die Wörter breiten sich zufrieden aus.

Die Szene wird von einem Zimmereifenster aus verfolgt. Die Zimmerleute sind am guten Ausgang des Geschehens interessiert, *»die haben Angst, daß ich werde sagen, die Kartoffel sind für sie, wenn Perelka mich schnappt«*.

Die Lüge

Staszek stellt den Korb heiße Kartoffeln ab, die die umstehenden Häftlinge ruhig unter sich aufteilen. Als der Oberkapo der Zimmerei erscheint, hält Staszek den Atem an. Was ist los, fragt dieser, *»ah, nichts antwortet der Tomasz, der Wicek hat für den neue Sohlen gemacht und der bringt dafür die Kartoffeln«*. Staszek realisiert die Situation: *»Die sagen dem Kapo die Wahrheit, keiner hat Angst vor dem, und sprechen die polnisch mit sich und arbeiten unter Dach.«* Kurzentschlossen fragt er an, ob er hier arbeiten könne, er sei ein guter Tischler. Sein Gegenüber lacht, *»so ein Junge wie du will Tischler sein«*. Er erzählt von der Tischlerei seines Vaters in der Marszalkowskastraße in Warszawa, dort habe er von klein auf mitgearbeitet. Eine Tischlerei hatte der Vater tatsächlich, allerdings vor seiner Verbannung, lange vor Staszeks Geburt. Er lacht, *»vor 1905 war das. Aber hat der Vater Werkzeug gehabt in Sibirien und hat dort alles selbst gemacht, Haus und Tisch und Stühle und Schrank. So kenne ich Werkzeuge, wie man sie haltet zum Arbeiten. Und Kopf habe ich auch.«* Seine Aufnahmeprüfung, Fußleisten auf Gehrung schneiden und anbringen, besteht er zur Zufriedenheit des Kapos. *»Ja, da kann der am Nachmittag zu uns kommen, sagt der. Von dem Tag im März 1941 verbindet sich mein Leben mit der Zimmerei«*, Staszeks Hände packen sich dabei fest an. *»Durch eine Lüge. Vielleicht ist das mein wichtigster Tag im Lager. Mit dem Kommando bin ich geblieben bis Dachau. Obwohl Kommando Zimmerei schon nicht mehr ist, aber Zimmerleute bleiben zusammen.«* Nach der Befreiung werden drei von ihnen wegen Zigarettenhandels von den Amerikanern verhaftet – für zehn weitere Zimmerleute Anlaß genug, ein Jahr lang in Dachau auf deren Haftentlassung zu warten.

Tomasz Sobanski erwähnt in seinem Buch 'Fluchtwege aus Auschwitz' das in Birkenau so hoch angesehene Kommando Zimmerei. Was heißt das, hoch angesehen? *»Ist gute Arbeit, gute Kapos, sind wir Freunde. Wenn jemand wird geschnappt, schimpfen wir nicht auf den, denken wir, wie sollen wir dem helfen. Schmeißen wir den nicht aus unsere Kreis«*, Staszek formt mit beiden Händen eine Höhle. *»Seien wir Fachleute, wichtig für die SS. Normal ist Leben nicht erlaubt in Auschwitz. Für uns ist Leben ein bißchen mehr erlaubt, das ist schon Privileg.«*

Staszek scharrt mit den Schuhen das Grün von den versunkenen Mauerresten 'seiner' Zimmerei, wischt sie mit den Händen ans Licht: *»Diese Bäume da gibt es damals nicht. Früher steht hier eine kleine Holzbude. Das ist Torwache von Werkstatt. Hier ist auch Tischlerei und Glaserei, Schlosserei ist da, Schmiede ist woanders. Wenn ich in Zimmerei komme, arbeiten da nur Polen, im Lager sind nur Polen in dieser Zeit und Deutsche. Am Anfang gibt es große Probleme mit Deutsche. Der Oberkapo will die nicht im Kommando haben, sagt der, die verraten mich, meint der sich, den guten Kapo. Erst später haben wir gut gelebt zusammen mit deutsche Häftlinge.«*

Als Staszek nach dem Krieg im Museum arbeitet und ehemalige Zimmerleute Auschwitz besuchen, führt sie ihr gemeinsamer Weg immer zur Zimmereibaracke. Als die Baracke noch stand? *»Nein, gehen wir zusammen zu dem Platz, wo war Baracke und denken wir für die, mit welche wir haben gelebt und gearbeitet hier.«*

28

Im Krankenbau

Staszek sitzt auf der Treppe zu Block 28, die Aprilsonne streut ihr warmes Licht über ihn. *»Auf dieser Treppe bin ich schon mal. Ist hell wie heute, nicht warm, Januar 1941. Aber ich sitze nicht, ich liege.«* Staszek zeigt ins Innere des Lagers. *»Hat mich Kamerad hergetragen. Hier war Krankenblock, am Anfang.«* Staszek hat Lungenentzündung, hohes Fieber. Wer unter neununddreißig Grad hat, wird nicht aufgenommen. Später fehlt ihm ein Stück Zeit, *»weiß nicht ob Minuten, Stunden oder ganzer Tag«*. Staszek schreckt auf – ein kalter Wasserstrahl holt seinen nackten Körper ins Bewußtsein. Er findet sich wieder auf dem Betonboden einer Halle, in der entkleidete Leichen liegen, *»hat jemand mit Kopierstift Nummer auf meine Brust geschrieben«*. Eine Stimme dringt in sein Ohr: *»Da lebt noch einer.«* Die leblosen und leblos scheinenden Körper werden mit Wasser bespritzt, bevor sie ins Krematorium gebracht werden. Jäh setzt sich der Tod mitten in Staszeks Leben – er bricht seine Erzählung ab, steht abrupt auf, haut mit seinen Händen um sich. Dann siegt der Kopf: *»Ah, Zufall, lebe ich noch.«*

Am nächsten Tag erzählt er die Geschichte noch einmal, diesmal außerhalb des Lagerzauns, einen sicheren Steinwurf von Block 28 entfernt. *»Ja, war ich so schwach, daß ich nicht alleine aufstehen kann. Da haben die mich gerettet und auf Krankenstube gebracht. Waren schöne weiße Betten, kein mehrere Stock, nur auf Erde.«* Nein, Medikamente hat er keine bekommen, *»entweder man ist gesund von selbst oder nicht. Zu der Zeit wissen wir schon, hier werden Kranke nicht gesund, hier werden nur Totenmeldungen geschrieben.«*

Wieder im Museumsgelände zeigt Staszek auf die Fenster am Ende des Blocks, dort wo sein Krankenzimmer war. *»Mit dreißig Häftlinge war ich in dieser Stube. Dann kommt Flur. Dann die Station, weiß ich nicht, wie das heißt bei Euch, wir haben gesagt Scheißerei.«* Dort muß er arbeiten, wenige Tage nach seiner Rettung. Ein Häftlingsarzt teilt ihn zum Nachtdienst ein. Staszek will nicht, kann nicht, *»ich fühle mich nicht gesund. Ich schimpfe auf den, was willst du von mir«*. Ohne Erfolg – *»kein Wort, du gehst«*, der Arzt bleibt hart – die Nacht wird furchtbar. *»Auf der Durchfallstube, da waren die alle verschissen, von oben bis unten. Jeder ruft Bassin, Bassin. Wenn ich komme mit Bassin, da sind die schon fertig. Da spritzt alles von ganz oben bis nach unten, drei Etagen. Das stinkt wie ... Scheiße ... nein, Durchfall, das stinkt extra«*, Staszek fegt die Wörter durch die Luft. Morgens kehrt er in seine Krankenstube zurück, *»die ist leer, ist kein Kranker mehr da. Alle Betten sind bedeckt, sauber, schön, weiß«*. Er hört sich um, *»wo die alle sind«*. Ein Pfleger rät ihm: *»Halt die Schnauze«* und auf keinen Fall zu sagen, wo er gelegen hat, er sei der letzte, der aus diesem Zimmer noch übrig ist. *»Die sind alle weg und tot, nachts geholt.«* Wie wurden sie getötet? Staszek antwortet unwirsch: *»Mit Spritze, das wissen wir aber damals noch nicht ... habe ich da zum ersten Mal gehört, daß im Krankenbau gemordet wird«*. Die Nachtschicht sollte seine Rettung sein und war es auch. Warum fällt die Wahl des Häftlingsarztes auf ihn? Staszek weiß es nicht, *»vielleicht weil ich jung bin«*. Den Arzt kann er nicht fragen, als sich Staszek bei ihm bedanken will, schreit er 'Leck mich am Arsch mit deinem Dankeschön' und setzt ihn vor die Tür.

Lange Zeit später, als Staszek für sein Zimmereikommando außerhalb zu tun und illegale Kontakte zu einer Apothekerstochter hat, kann er sich auf ganz andere Weise bei jenem Häftlingsarzt bedanken. *»Habe ich nicht vergessen, daß ich dem habe Schmerz gemacht. Bringe ich dem eine Flasche Mitigal, gegen Krätze.«* Das Medikament ist im Hosenbund, unter dem Mantel, versteckt. Der Arzt erkennt sofort die begehrte gelbe Flüssigkeit *»und ist der zufrieden«*. Trotz seiner Nachfrage, bleibt das Woher Staszeks Geheimnis, *»organisiert«*, ist das Zauberwort, das Neugier und Gesprächigkeit dämpft. *»Von der Zeit, da hat der mir gesagt, in lateinische Namen, was der braucht, und ich habe ihm gebracht, wenn war Möglichkeit, Medikamente, auch Lebensmittel und Zigaretten.«*
Sein Gedächtnis hat den Namen jenes Arztes längst losgelassen, *»schon damals im Lager«*. Staszek bedauert das sehr, es quält ihn geradezu, *»weil da ist keine Möglichkeit mehr, diesen Namen zu erfahren – früher, da gab es noch einen Pfleger, der den vielleicht kennt. Warum bin ich nicht zu dem gefahren und habe den gefragt, na ja warum«*.
Im Herbst 1996 entdeckt er ein Buch über den Häftlingskrankenbau im Buchladen des Museums, das er in der darauffolgenden Nacht liest. Er hofft sehr, wenn er den Namen schon nicht weiß, ihn wenigstens wiederzuerkennen. Aber auch hier wird er nicht fündig. Am nächsten Morgen fragt Staszek im Museum nach der Adresse des Autors in der Hoffnung, dieser könne ihm weiterhelfen. Man muß ihn enttäuschen: *»Ist der Schreiber von dem Buch schon seit Jahre tot, sagen die.«*

Liebe Regina!
Ich bin gesund
fühle mich

Briefe

Der Schreiber tritt vor die Appellstehenden, Spannung richtet die Reihen aus, 'Briefe haben bekommen', ruft er und dann folgen die Nummern. Staszek weiß, seine Nummer wird nicht dabei sein. Anfangs schreibt er alle vier Wochen an seine Mutter: Liebe Mutter! Ich bin gesund und fühle mich wohl, *»sonst geht der Brief gar nicht raus aus Lager«*. Und was weiter? Staszek erinnert sich nicht mehr, *»aber weiß meine Mutter, an dem Tag, wenn ich schreibe, lebe ich«*. Erlaubt sind fünfzehn deutsche Zeilen, so leer, daß sie die Zensur überstehen – fünfzehn lange Zeilen für nichts, fünfzehn kurze Zeilen für ein Leben, das täglich Bücher füllen könnte. Von einem Heiterkeitsanfall begleitet, schreibt Staszek über fünfzig Jahre später Grußkarten aus Auschwitz an seine Freunde, 'ich bin gesund und fühle mich gut', dann eilen seine Gedanken zurück ins Lager, *»ob der krank ist oder bald stirbt, der schreibt das immer, eine Parodie ist das«*.

Wörter, die das Limit überschreiten oder dem Zensor subversiv erscheinen, werden abgeschnitten, bei ein- und ausgehender Post gleichermaßen. *»Kann sein, daß ich nur noch kleine Zettel bekomme, Lieber Staszek!, sonst nichts mehr. Weiß ich wenigstens, habe ich Brief bekommen. Aber ohne Satz.«* Unversehens stellt Staszek das kühle deutsche Wort *»Postzensurstelle«* an den Rand seiner Erzählung.

Briefe sind große Kostbarkeiten von der anderen Hälfte der Erdkugel. *»Brief war nicht nur für den, der hat bekommen. Da lesen Zehne oder mehr mit dem. Ganze Feierabend haben wir gesucht, was steht zwischen Worte. Die Worte sind nicht wichtig,* *am wichtigsten ist, was wir nicht sehen. Hauptsache ist für uns lesen, was nicht ist geschrieben.«*

Die ersten Monate im Lager, als Staszeks Mutter noch lebt, bekommt er, wie viele andere auch, regelmäßig fünf Mark angewiesen. *»Da war das mit dem Verteilen noch anders. Wir stehen am Freitag bei der Poststelle nach Nummer in Reihe. Da haben wir gezählt, wer ist schon weg von unsere Transport.«* Wie weg? *»Weg, tot.«* Weitere Fragen sind nicht erlaubt.

Eines Mittags wird Staszek in die Blockführerstube am Tor zitiert, im Beisein eines SS-Mannes und eines Schreibers ist ihm erlaubt, den letzten Brief seiner Mutter zu lesen, *»schreibt die, ist sie schwach und krank und wird bald sterben«*. Der Brief hätte wegen seiner Länge die Lagerzensur nicht überstanden, man findet eine besondere Regelung: Er darf den Brief zwar nicht mitnehmen, aber er wird ihm von einem Häftling, der dort arbeitet, vorgelesen und vom vorgeschriebenen Deutschen ins Polnische übersetzt. Der umsichtige Häftlingsschreiber wiederum findet noch eine besondere Regelung: Für die Augen des SS-Mannes steckt er einen leeren Zettel in den Umschlag zurück und schiebt Staszek den Brief seiner Mutter zu, *»bis nichts mehr zu lesen ist, trage ich den bei mir«*, was ihm das Leben hätte kosten können. Mit dem Tod der Mutter lebt niemand mehr aus seiner allernächsten Familie, *»da bleibe ich alleine«*, die Trauer umarmt ihn auch heute bei diesem Gedanken. Für die Mutter wollte Staszek überleben, sein Vater übertrug ihm auf dem Sterbebett die Sorge für sie. Es dauert, bis er auch ohne sie und ihre Liebe weiterleben will.

Trotz nur einiger Tage Abwesenheit und trotz eines abendlichen Telefonats, schreibt Staszek Regina aus Oswiecim einen langen

Brief, der nur mit Mühe vor ihm Zgorzelec erreichen wird. Wieder zu Hause gilt sein erstes Telefonat seiner Vorstandskollegin Zofia Zielezinska von der Vereinigung der ehemaligen Häftlinge. Sie lernte ihr Deutsch in Ravensbrück. *»Hurra, hurra, ich bin wieder da«*, lacht er ins Telefon und durchaus ernst, *»ich bin gesund und fühle mich wohl«*. 'Hurra, hurra, ich bin wieder da' steht auf dem Schild am Hals eines wieder gefaßten Häftlings in Auschwitz, der, von Trommelwirbeln begleitet, unter Schlägen durch das Lager zum Todesblock getrieben wird.

»Vergiß nie, daß die Weichsel breiter ist als der Amur«, ermahnte ihn der Vater ebenfalls in seiner letzten Nacht, *»ich bin geboren, als es Polen nicht gab, und ich sterbe, wenn es kein Polen gibt – vergiß unser Polen nicht«*. Staszek hat es nie vergessen, *»und werde ich nicht vergessen«*. Krystyna ist ihrem Vater für den ihr vermittelten Patriotismus dankbar, *»für mich ist mein Vater etwas Besonderes und Polen ist es auch«*. Als Staszek eines Tages mit einem Zettel erscheint, auf dem er nachts die Gründe seines Überlebens zusammengetragen hat, steht zu oberst Zufall und nicht weit davon Patriotismus. Auf dem Küchengebäude des Stammlagers in Auschwitz sind eine begrenzte Zeit in Riesenlettern die sogenannten Meilensteine zu lesen, moralisierende Schlagwörter für einfache Gemüter: Ordnung, Sauberkeit, Wahrhaftigkeit *»und solche viele Keiten«* und ganz zum Schluß 'und Liebe zum Vaterland'. *»War ich mit Deutsche gleiche Meinung«*, ärgert er sie heute noch mit Wonne, *»nur haben die nicht geschrieben, welches Vaterland.«*

Der Frosch

Staszek verfolgt die Bewegungen der Pistole in der rechten Hand des SS-Mannes Moll, aus dessen Mund quillt Hohn: *»Was, Gemüse willst du fressen? Gesund willst du dich ernähren? Vitamine willst du haben? Dann friß das hier!«* Ein Kapo der Gärtnerei hält ihm eine Hand voll Abfälle vom Komposthaufen vor die Nase: Erde, Unkraut, Tomaten, Möhren, Salat, *»alles verfault – was soll ich machen, da steht der Moll mit Pistole vor mir«*. Staszek ißt wie ihm befohlen. Moll, der Kapo, und einige andere deutsche Häftlinge, so erinnert sich Staszek, biegen sich vor Lachen. *»Ich weiß nicht, wer den Frosch von draußen bringt, aber der Moll hält den vor meine Nase. Den soll ich essen, Fleischzulage, sagt der«*. Staszek beißt in den lebendigen Frosch, kaut ihn klein und schluckt. Das Publikum ergötzt sich an den Verletzungen des polnischen Jungen, wetteifert fröhlich um die lustigste Gemeinheit, *»ja, da wirst du satt und da hast du noch Kompott«*. Moll greift sich eine große Porzellantasse Terpentin vom nahen Tisch, 'hier sauf, verdursten sollst du uns auch nicht'. Staszek trinkt und fürchtet, das wird ihn verbrennen, derweil die Stimmung der Zuschauer ihren Höhepunkt erreicht. Über die Schlußakkorde der Verhöhnung fehlt ihm jede Erinnerung.

Er weiß nicht, was das Terpentin mit seinem Magen machen wird, sein Mund ist verätzt, Ekel sitzt breit in seinem Bauch. Todesangst steckt ihm den Finger in den Mund, Erbrochenes quillt in seine Hände, er rennt hinaus zum Komposthaufen und übergibt sich weiter. Ein paar Schritte entfernt entdeckt er einen Wasserschlauch, daraus trinkt er soviel er kann. *»Ich kotze und*

trinke kaltes Wasser, immer wieder. Ich denke, wenn der Magen voll ist, wird alles rauskommen. Ich kotze bis ich fühle, der Magen ist leer und tut weh.« Das war im Sommer 1941, *»weil die Tomaten sind reif«*. Polnische Häftlinge aus der Gärtnerei beobachten versteckt die Szene. Einer von ihnen, Ryszard Kordek wird darüber später in seinem Buch 'Blizny krwawia' schreiben. Ryszard Kordek ist irgendwann Kalfaktor in der Blockführerstube von Staszeks Bauabschnitt in Birkenau, darüber lernen sie sich kennen, allerdings klärt sich erst nach Erscheinen des Buches diese frühere Lagerbegegnung und *»sagt der mir, daß der denkt in Gärtnerei, ich überlebe das nicht«*. Seit der Zeit haben sie Kontakt zueinander, schreiben sich hin und wieder, 'liebe Grüße', steht dann am Ende von Kordeks Briefen oder Karten, 'Dein Kordek, Nummer 10291'.
1996, unterwegs in Staszeks Bauabschnitt in Birkenau, hüpft ein winziger brauner Frosch über seinen Schuh, *»habe ich größeren gefressen«*, ratscht er vor sich hin, *»und grüner«*. Er balanciert mit seinen Begleitern auf dem schmalen Betonrand des Löschwasserbeckens. *»Das ist kaputt«*, stellt jemand fest, *»kaputt«*, wiederholt Staszek und die Erde öffnet sich unvermittelt unter ihm, *»mein Leben ist kaputt«*. Schwarze Geschichten drängen in den azurblauen Sonnentag. Nicht weit vom Wasserbecken fällt ihm eine Hinrichtung ein, ein Russe soll stranguliert werden, das Warum ist in Auschwitz unendlich beliebig und damit unerheblich, so handhabt es auch das Gedächtnis. Mit der Schlinge um den Hals spuckt der Delinquent den Knebel aus und droht den Nazis mit lauter Stimme Rache und Gerechtigkeit. Ein deutscher Mensch in grüner SS-Uniform nähert sich langsam und hinkend dem Galgen. *»Das war Boger von der politischen*

Abteilung, hat der eine Verletzung am Knie, damit der nicht mit Stock gehen muß, geht der im Lager meistens mit Fahrrad.« Dieser Boger zieht sein Taschenmesser und durchtrennt säbelnd, Staszek führt es an seinem offenen Mund vor, die Gesichtsmuskeln des Russen so, daß der blutende Unterkiefer auf die Brust fällt und wortlos klafft. Damit verstummen die fremden russischen Wörter, die dem Deutschen seine eigene Fantasie schonungslos in seiner Muttersprache präsentiert. Erleichtert atmen die angetretenen Häftlingszuschauer auf, als der zwiefache Tod den russischen Menschen endlich in seinen wärmenden Armen wiegt. *»Nehmen wir alle Mütze von Kopf, trotzdem ist verboten.«*

Am Hauseingang von Regina und Staszek in Zgorzelec sitzt ein grasgrüner Frosch in den Rabatten, *»wenn ich sehe, denke ich an Geschichte mit Moll – aber habe ich nie überlegt, warum der Frosch hier bei Türe sitzt«*. Staszek hält den Plastikfrosch an den Hinterbeinen über seinen nach hinten geneigten Kopf, *»so hat der Moll gemacht«*, dann stellt er ihn behutsam auf seinen Baumstumpf zurück mit den Worten, *»hat der gut geschmeckt«*. Das klingt durchaus dankbar – vielleicht um dem Frosch noch einmal zu versichern, daß zumindest ihm nichts zu verübeln sei. Als Regina die Froschgeschichte zum ersten Mal hört, glaubt sie Staszek nicht. Krystyna, Staszeks ältere Tochter, hat diese Geschichte zuerst in Kordeks Buch gelesen. Schwarz auf weiß, unauslöschlich – so erschien sie ihr am allerschlimmsten von alledem, was ihr Vater erlebte. Damit konfrontiert, sagt Staszek, *»soll das Kind hören, daß Papa frißt Abfall und Frosch, habe ich auch nicht erzählt, daß ich so geschlagen werde, daß ich werde auf Karre gefahren«*.

Rechts, ganz außen in der ersten Reihe – das ist kein guter Platz in der Marschkolonne. Die Hand des Blockführers landet mit Wucht und völlig unvermittelt mitten im Gesicht des Vorarbeiters, »was soll denn das«, brüllt er und, »nochmal melden«. Die Häftlinge in der Kolonne stutzen, sollte ihnen etwas entgangen sein? »Nummer soundso mit zwanzig Mann vorübergehend aus dem Lager«, meldet der Vorarbeiter noch einmal wie immer, doch diesmal prasseln Schläge auf ihn nieder. Das ganze wiederholt sich drei-, viermal, dann ist der Nebenmann dran. *»Steht wie Häftling«*, erzählt Staszek und dann zackig: *»sagt Nummer und mit zwanzig Mann vorübergehend aus dem Lager«*. Was alle Tage richtig ist, gilt heute nicht. Der Blockführer schlägt auch auf den zweiten Häftling ein, die Szene wiederholt sich für die gesamte erste Reihe, bis alle blutend torkeln. Dann ist die zweite Reihe dran, Staszeks Angst kriecht näher, *»links außen, zweite Reihe, da stehe ich, immer, ganz guter Platz«*. Als der Satz gemächlich zu Boden trudelt, überlegt er noch einmal neu und beschließt zögernd und vielleicht auch nur für heute oder einen Augenblick, aber so ernsthaft, als stelle sich die Frage akut, *»nein, gibt kein gute Platz«*. Staszek ist bekümmert, *»ich weiß nicht, was die falsch machen, warum der schlägt«*. Beim Erzählen sucht er geduckt um Hilfe nach und richtet sich dann auf: *»Ihr Schweinehunde, ihr seid keine Männer, ihr seid Häftlinge, keine Männer. Das muß heißen Nummer soundso und zwanzig Häftlinge vorübergehend aus dem Lager, nicht Männer. Ein Mann, das bin ich, und ihr Schweine, ihr seid Häftlinge«*. So oder so ähnlich muß es gewesen sein. Staszek karikiert den machtberauschten Menschen, Kopf und Nase hoch erhoben, in einwandfreiem Deutsch. *»Der hört nur mit Schlagen auf, weil noch andere Kolonne hinter uns steht, die rausmarschieren wollen«*. War da ein neuer Befehl oder hatte der SS-Mann schlechte Laune? *»Hatte der nicht schlechte Laune, gute Laune war das. Das war Mitte 1941, die Deutschen marschieren und marschieren, verlieren nie, – wie ist das Wort, wenn die nicht verlieren? – nur Siege. Da fühlen die stark wie Herr von Welt.«*

Irgendwo im Lager hängt eine Landkarte, auf der die SS mit Fähnchen die deutschen Eroberungen feiert. *»War schwere Zeit für uns, wenn die bis Moskau gehen in Rußland.«* Als verlorene Schlachten durchsickern – Staszek sagt ihre russischen und südosteuropäischen Namen her –, ist die Freude unter den Häftlingen groß, *»aber geht für uns alles langsam«*. Ihre Hoffnung auf ein Aus für Nazideutschland sehnt alliierte Bomben herbei, *»haben wir keine Angst, freuen wir uns, wenn Flugzeuge kommen. Habe ich gesehen, daß SS springt in Keller, wenn Bombenalarm ist«*. Die Angst der SS erheitert ihn.

»Komm' raus, sei ein Mann, du bist doch ein Mann, wir nur Häftlinge – was, so ein großer Herr da unter dem Bett?«, locken Staszek und andere soeben befreite Häftlinge einen SS-Mann in Dachau. Staszek läßt Zynismus ohne jede Eile auf seinen Wörtern tanzen – die Rache ist süß geblieben. Angst hatte den SS-Mann unter irgendein Bett getrieben. Jeder Ausweg ist längst verspielt, für beide Seiten, als er herauskommt, wird er erschlagen.

Das Sägewerk

Irka Ptaszynska deutet mit einer unauffälligen Aufwärtsbewegung der Hand und des aufgestellten Daumens hinter sich. Der stumme Kassiber lautet: Dort, unter dem Bretterstapel, liegt etwas für dich. Noch kennt Staszek den Inhalt nicht. In den zwei Paketen sind zwanzig Unterwäschegarnituren, schwere aufgerauhte Winterqualität mit langen Ärmeln und langen Beinen, und zwanzig Paar dicke Socken. Staszeks Freude schmälert sich um die Frage Wie-ins-Lager-bringen, es wird, wenn überhaupt, nur etappenweise möglich sein und nur dann, wenn es ihm gelingt, den Posten für sich zu stimmen, *»muß der ruhig werden und weniger aufpassen«*.
Draußen beim Abladen der Holzfuhre kommt Staszek ins Schwitzen, sein Posten namens Schneider, ein Rumäne mit leidlichen Polnischkenntnissen, steht mal frierend auf einem Fleck, trampelt mal die Kälte aus den Füßen. Als Staszek ihn auffordert, nach drinnen zu gehen, *»traut der sich nicht«*. Als sie sich später gemeinsam in einer Stube des Sägewerks am Ofen wärmen, fragt ihn Staszek, ob er warme Unterwäsche haben will, auf Polnisch. Schneider möchte schon, hat aber – ohne es zu ahnen – dasselbe Problem wie Staszek, wie soll er sie ins Lager bringen? Sein Brotbeutel ist zu klein, *»da sage ich, der soll sie anziehen. Ja, hat der dann zu mir gesagt, ich werde sie anziehen und du laufst mir weg.«* In Häftlingsuniform? Hier in der Stadt, die von SS wimmelt? Mit dem kahlgeschorenen Kopf? Jetzt im Winter? Wohin? Staszek argumentiert die Bedenken zur Seite und spürt, Schneider möchte sich gerne überzeugen lassen. Irgendwann legt er sein Gewehr ab und zieht sich aus und

wieder an. Staszek hält Wache gegen eventuelle Beobachter dieser ungewöhnlichen Szene. Ein ungläubiges Lachen begleitet seine Erzählung, *»da steht der mit Unterhose hinter einem Holzhaufen«*.

Als Staszek später seine Fuhre auflädt, schaut ihm Schneider aus der Wärme vom Fenster aus zu. Was er nicht sieht, hat Staszek lange ausgetüftelt. Zuerst lädt er lange Balken auf, sie bilden den Untergrund, dann stapelt er lange Bretter an die Seiten, dann kurze von vorne und von hinten, so daß dazwischen ein Hohlraum für die Schmuggelware bleibt, *»bedeckt wieder mit schwere lange Bretter«*. Schließlich sitzen ganz obenauf Staszek und hinter ihm Schneider mit seinem Gewehr, in seiner Unterwäsche als Schweigegeld.

»Der Schneider weiß von meiner Unterwäsche nichts. Weil er die Garnitur für sich nimmt, kann man so sagen, ich kaufe den. Ich will den mit mir verbinden. Trotzdem heißt das nicht viel, heute verbinde ich mich mit dem, morgen kann der mich erschießen. So ist das.« Der wacklige Vertrag zwischen den beiden, mit seinen hauptsächlich unausgesprochenen Vereinbarungen und viel Kleingedrucktem, ermöglicht Staszek in der Folgezeit, einige Getreidesäcke ins Lager zu schmuggeln.

Reist man mit Staszek in Polen verwundern seine schnellen unkomplizierten Kontakte, meistens mit Männern, meistens mit Menschen, die etwas außerhalb des Geschehens stehen. Noch bevor seine Koffer ausgepackt sind, hat er zum Parkwächter, zum Kellner, in die Küche weiche Verbindungen geknüpft. Er kennt Namen, Herkunft, weiß wie lange sie am Ort wohnen und hier beschäftigt sind, ob sie mit Arbeit und Einkommen zufrieden sind, kennt ihre Funktion und die hierarchischen

Verhältnisse, Dienstboteninformationen – wie z.B. *»weil der Chef nicht da ist, ist er Chef, kommt der erst nächste Woche zurück«*. Hat dieses Verhalten etwas mit Auschwitz und seinen lebensbewahrenden Kontakten zu tun? Staszek weiß es nicht, läßt die Antwort zögernd offen. Dann erzählt er von neuen Posten und neuen Spielen. *»Wenn wir fahren mit Pferdewagen, singe ich, nicht laut, nur so unter Nase. Schreit der gleich wegen Polnisch, weiß ich, aha vorsichtig. Mit solche Posten mache ich gar nichts. Hat der nur Befehl, mit mir Holz fahren und weiß nichts genaues wo und was, da fahre ich mit dem auch nicht zum Sägewerk«*, Staszeks illegalen Kontakten, *»braucht der gar nicht wissen, daß es Sägewerk gibt überhaupt.«* Ist der SS-Mann zugänglich, klärt ihn Staszek über das Ziel und seine Arbeit auf, *»vielleicht weiß der schon, aber so kann ich mit dem reden«*, oder er spricht über das Wetter. Sind die Äpfel reif, fragt er den SS-Mann, ob er sich welche einsammeln will. Bietet ihm der SS-Mann Brot und Pause an, ißt er versteckt, *»gehe ich zu Pferd und klopfe dem die Schnauze«*, und setzt sich niemals hin, um jede Kompromittierung zu vermeiden. *»Da sage ich dem, besser langsam arbeiten, aber immer, das ist besser für den und für mich.«* Tatsächlich knüpft Staszek in seinen fünf Auschwitzjahren nur einen einzigen qualitativen Kontakt zu einem SS-Mann, *»Weiß heißt der, kommt von Rumänien«*. Mit ihm spricht Staszek über die Judenvernichtung, *»einfache SS weiß oft gar nichts, was im Lager alles passiert«*. Weiß trägt für Staszek Nachrichten nach draußen und besucht seine Bekannten. *»Da treffe ich den im Lager, erzählt der mir von meine Freunde, stehe ich in stillgestanden und sage jawoll. Ist wichtig, daß – was ist an Haus außen? – Fassade bleibt, sonst ist Kontakt kaputt.«*

Flöhe

»Was siehst du, wenn du dich bückst?« Staszek geht breitbeinig in die Hocke, die Unterarme fest auf den Oberschenkeln abgestützt. So steht er auf der zweiten Kreuzung hinter dem Tor. Seine Augen laufen an der Bordsteinkante der Lagerstraße entlang. Nichts ist zu sehen – eine befestigte Straße, sauber, die Gehwege mit Steinen abgegrenzt. *»Sauber, sauber«*, Staszek schnaubt verächtlich, *»bei uns in Auschwitz, da ist sauber, nichts liegt da, der Rand von Trottoir ist weiß gemalt. Immer. Aber einmal ist hier nicht sauber.«* Es ist Sommer, schönes Wetter, warm, kurz nach der Verlegung des Frauenlagers nach Birkenau. Staszek ist mit einigen Zimmereihäftlingen unterwegs zu den leeren Blöcken, mit Brettern und Werkzeug werden sie die Räume zum Entlausen abdichten. Ein paar Schritte vom heutigen Standort entfernt fängt es an zu jucken, erst an den Füßen, dann die Beine hoch. Staszek reißt an seinem Hosenbein herum. Alles ist schwarz, wo die Häftlinge auch hinschauen, hinfassen – der Körper ist schwarz. *»Tausende, hunderttausende Flöhe springen auf uns. Millionen Flöhe sind auf Lagerstraße. Die Frauen sind weg und die Flöhe sind auf die warme Straße geflogen.«* Die Häftlinge verlassen schnellstens das Terrain, *»geh weg, kommen Sie nicht näher«*, so warnen sie die anderen Häftlinge und SS-Leute, *»da ist sogar SS von uns weggelaufen«*, Staszeks Freude ist geblieben.

Verraten

Staszek staunt, als im Sägewerk der Arbeitsdienstführer erscheint – als dieser sich vor ihm aufbaut, weiß er, dieser Besuch gilt ihm. Das Brot, das ihm auch heute ein Zivilarbeiter zwischen die gestapelten Balken gelegt hatte, hat er an Ort und Stelle gegessen, wie immer, *»der Bauch ist bestes Versteck«*. Was sonst Pech, ist heute sein Glück: Es gab keine Gelegenheit, im doppelten Boden seines Pferdewagens die Literflaschen Medikamente gegen Krätze zu verstecken – der Posten läßt ihn nicht eine Sekunde aus den Augen. 'Fahr sofort zurück ins Lager, gib deine Pferde ab und melde dich in der Blockführerstube'.
Vor der Blockführerstube trifft er auf den Vorarbeiter des Sägewerks, *»weiß ich, aha darum geht es«*. Staszek wird dem Lagerführer Aumeier vorgeführt, auch der Lagerälteste ist anwesend. Bedeutung liegt in der Luft. Man will alles über Staszeks Kontakte zu den Zivilisten im Sägewerk wissen. Staszek weiß nichts, überhaupt nichts, *»hab ich keine Zivilisten da angeschaut, keine Frauen, keine Männer. Dann ruft der Aumeier den Vorarbeiter und fragt, was hat der gesehen. Der hat gesehen, habe ich Brot bekommen, sagt der. Sage ich ach wo.«* Ein Häftling bringt ihn zur politischen Abteilung. *»Beim ersten Verhör haben die mich gefragt und geschlagen, abwechselnd. Dann bringen die mich zu Block 11 in Zelle 9.«* Dic dreiundfünzig schwersten Tage seines Lagerlebens werden folgen, mit Stunden, Tagen und Nächten, an denen ihm der Tod lieber ist als das Leben.
Wie war er in diese Situation geraten? Täglich transportiert er Bauholz zwischen Sägewerk und Zimmerei hin und her,

»immer mit Posten, weil das Sägewerk draußen aus Lager ist«. Das Sägewerk, an der Straße zwischen Stadt und Bahnhof gelegen, ist bis heute Sägewerk geblieben. Zu Lagerzeiten ist es im Besitz eines Herrn Kraus, *»dort arbeiten Zivilisten und kommen auch Leute aus Oswiecim und kaufen Leisten und Sägespäne für Öfen«*. Staszek knüpft Verbindungen zu zivilen Personen, zufällige und weniger zufällige. Eine Gruppe junger Frauen sucht gezielt Kontakte zu Häftlingen um zu helfen. Staszek spricht mit großer Hochachtung von diesen *»jungen Fräulein«*. Ein reges und gefährliches Hin und Her entwickelt sich. Sie tauschen Wünsche gegen das Gewünschte: Kleidung, Handschuhe, Briefe und Medikamente, vor allem Medikamente. Irina Ptaszynska, ihr Vater ist der Apotheker am Marktplatz, kann einiges besorgen. Staszek versteckt die Kostbarkeiten zwischen den Brettern seiner Ladung oder auch im Pferdefuttersack.
Im März 1942 arbeiten im Sägewerk Häftlinge von den Deutschen Ausrüstungswerken. Wenn Staszek nicht mehr da ist, so verspricht sich ihr Vorarbeiter, hat er den Kontakt zu den Zivilisten, das bringt ihn zum Verrat.
»Wenn ich aus dem Bunker komme, da ist mein Verräter schon nicht mehr zwischen die Häftlinge lebendig. Der hat nicht die Zeit überlebt, in der ich im Bunker bin.« Woran ist er gestorben? *»Getötet von Häftlinge. Habe ich gefragt Zimmerleute und hat mir gesagt: wir haben den erledigt.«* Wie unerbittlich Verrat verfolgt wird, zeigen die Anstrengungen, den Verräter zu finden: Seine Häftlingsnummer ist wegen seiner Anwesenheit bei Staszeks Vernehmung in den Unterlagen der Blockführerstube vermerkt – einer aus der Zimmerei besorgt sie sich beim Schreiber. Ein anderer aus der Zimmerei kennt den Läufer von

der Postzustellung, dieser wiederum verfügt über ein vollständiges Verzeichnis, welcher Name welcher Nummer zuzuweisen ist und in welchem Block er untergebracht ist. Und so weiter, bis zum bitteren Ende. Wurde über solche Dinge gesprochen? *»Darüber haben wir laut nicht gesprochen.«* Und leise? *»Ich habe überhaupt nicht gesprochen. Ich weiß nicht, wer hat was gemacht, wann hat das stattgefunden mit dem, der mich verraten hat, ich weiß nur, daß hat stattgefunden.«* Findet er das richtig? *»Verräter erschlagen ist richtig. Heute ist das fast nicht zum Verstehen. Aber ist richtig, weil ist der für viele gefährlich.«* Staszek erzählt diese Verratsgeschichte vorgebeugt, flüsternd. Tut er damit etwas Verbotenes? *»Darf ich nicht sagen, verrate ich die von Zimmerei. So fühle ich, obwohl die sind schon tot.«* Noch zu Lagerzeiten sucht Irina Ptaszynska über tausend dunkle Ecken Kontakt zu Staszek; sie bedankt sich für sein Schweigen. Nach dem Krieg trifft sich Staszek häufig mit jenen jungen Frauen aus Auschwitz, die so viel Hilfe organisiert haben. Kein Orden, kein Denkmal würdigt ihren Einsatz. Am Rande Oswiecims, vom Dorf Babice in Richtung Weichsel unterwegs, weist Staszek auf ein Haus am Bahndamm. *»Ist das nicht nur ein einfaches, fremdes Haus für mich, da hat die Maria gewohnt. Ist die gefahren mit Fahrrad, für uns, wenn hat die gesehen, wir sind weg von Arbeit, da hat die Brote hingelegt, zwischen die Balken, in Papier eingewickelt, geschmiert, mit Wurst und Käse. Wird die geschnappt mit so viel Essen, sitzt die gleich selber in Lager.«* Beim letzten Satz zieht Staszeks Zeigefinger knapp unter dem Kinn einen scharfen Schnitt. Das wäre ihr Tod? *»Ja, vielleicht wird Kopf abgeschnitten und ist schon erledigt.«* Das klingt ganz und gar unspektakulär.

'Den brauch' ich noch', sagt Grabner[1]. Staszek kann aufatmen, auch diese zweite Selektion in seiner Bunkerzelle hat er damit vorläufig überstanden. Seine Erleichterung hält nicht lange vor, 'den brauch' ich noch' tropft es langsam in sein Hirn, sie werden ihn wieder einmal zum Verhör befehlen, Grabner hat die Hoffnung noch nicht aufgegeben, ihn zum Reden zu bringen. Am nächsten Morgen führt ihn ein Häftling vom Todesblock quer durch das Stammlager hinaus durch das Tor in die gefürchtete Baracke hinter dem Krematorium, *»die war da, wo jetzt steht Höss-Galgen, die ist aber später von SS angezündet worden.«* Bei Staszeks Auschwitzbesuchen ist die nach dem Brand nur wenige Meter entfernt neu gebaute Baracke der politischen Abteilung stets ein fester Programmpunkt. *»Sechsmal bin ich hier verhört worden«*, sagt er und legt seine flache Hand wie zur Versöhnung auf die Außenwand der heutigen Besuchertoilette.

'Kennst du die Irina Ptaszynska? Wer hat dir Brot gegeben? Hast du Kontakt zu Zivilisten? Hast du Briefe transportiert? Wem hast du sie gegeben? Mit wem hast du gesprochen? Was hast du gesprochen? Mit wem hast du im Lager darüber geredet?' Das sind die stereotypen Fragen der SS. Staszek beantwortet sie ebenso stereotyp: *»Irina – nie gehört, mit Frauen gesprochen – niemals, Brot habe ich nicht bekommen, Briefe auch nicht, Zivilisten habe ich vielleicht gesehen – aber wenn ich im Sägewerk bin, habe ich zu arbeiten, da spreche ich nicht und schaue auch nicht, was soll ich hier im Lager darüber reden, wenn ich nichts zu erzählen habe, fragen Sie den Posten, der ist* *immer bei mir, ich weiß, daß Kontakte zu Zivilisten verboten sind, dann mache ich auch nicht.«* Staszek spielt den naiven, unterwürfigen Häftling – lügt mit Engelszungen und einem Engelsgesicht seine Ausreden wahr. Seine Hände, ansonsten bei jedem Wort dabei, hängen beim Erzählen subaltern emotionslos am Körper. Ja, wären da nicht die Augen, die die moralische Überlegenheit, seinen ungebeugten Selbstwert, verraten. Nichts zugeben, was nicht einer von der SS selber gesehen hat, das hatte ihm sein Oberkapo Reinhold Aurich immer wieder empfohlen. Angespannt seine Kräfte sammelnd konzentriert sich Staszek auf dem Weg zur politischen Abteilung stets auf zwei Gedanken. Erstens: Nicht reden und zweitens: Überleben. Er steht es durch, trotz der Schläge mit dem Knüppel, der flachen Hand, der Faust, immer wieder und vor allem mit der Faust. Nach Stunden ist er blutig, blau und schwarz geschlagen, *»Kopf, vorne, Rücken und Hintern, bis zu Knie«*. Staszek spielt die Szene vor, zeigt, wie er vor dem Schreibtisch steht, wohin sie schlagen, *»von beide Seite«*, und legt sich schließlich auf den Boden, krumm, die Hände vor dem Gesicht. *»Umfallen ist schlecht, stehe ich gleich wieder auf, weil da schlagen die Geschlechtsteile, davon wird man ohnmächtig.«* Derselbe SS-Mann Lachmann, der ihn hier in der politischen Abteilung verprügelt, wird ihm irgendwann später die Volksliste vorlegen, mittels derer Staszek die deutsche Staatsbürgerschaft beantragen könne, um mit Häftlingen die Wehrmachtslücken zu füllen. *»Nicht zum glauben.«*

Einmal muß Staszek die Schläge gegen sich mitzählen, er irrt sich, statt 68 sagt er 86. Wer sich verzählt, so ist es Usus, für den fangen die Schläge nochmal von vorne an. Als Staszek ‘von vorne' hört, wird er ohnmächtig. Erst der Zehner, dann der Einer, er hat die polnische Sprachregelung für Zahlen auf das Deutsche übertragen. Beim Gebrauch deutscher Zahlen – und nur da – malt er sie mit dem Zeigefinger auf den Tisch, auf seinen Oberschenkel, auf seine Tasche oder in die Luft, sein Finger wandert dann auch noch vorsichtshalber in Leserichtung mit. Noch nie hat er so genau seine Vernehmungen in der politischen Abteilung geschildert, *»habe ich nur gesagt geschlagen und Ende.«*

Vor dem Abendappell werden die Verhörten zurückgebracht. *»Zweimal schmeißen die mich auf Karre, solche für Kohle, und fahren mich zum Bunker. Ich kann nicht mehr stehen.«* Die anderen Male wird er blutend und zerschlagen zum Block 11 getragen oder von jemandem gestützt. In seiner Dunkelzelle, in die er die ersten 39 Tage Bunkerhaft eingesperrt ist, legt er sich an der höchsten Stelle, dort, wo es nicht naß ist, auf den Betonboden, *»die Kälte macht Schmerz ein bißchen kleiner«*. Später, wenn der Schüttelfrost kommt, legt er seine Decke über die Schultern und lehnt sich eingewickelt an den kalten Heizkörper, *»da liegt nicht ganzer Rücken auf und nimmt nicht so viel Wärme von mir wie nasse Wand«*.

Der vordere Bunkertrakt ist heute der Öffentlichkeit nicht zugänglich. Staszek läßt ihn sich aufsperren. Gezielt durchquert er den Raum und tastet knapp über seinem Kopf die Außenwand ab, findet ein metallenes Rechteck, erleichtert sagt er nach einem heftigem Ausatmen: *»Da sind die Löcher für Luft, wie damals.«* Zum Erzählen ist sein Platz hinter der Tür, seine Hand ununterbrochen auf dem Heizkörper dahinter, sie kennen sich.

»Ich habe nie gesprochen durch Schläge«, sagt Staszek. Es klingt nur erleichtert. *»Niemand weiß vorher, ob er redet. Mancher redet schon bei zwanzig, mancher auch bei zweihundert nicht. Im Lager und auch danach haben wir viel gesprochen über Verrat bei Schlagen. Ich weiß nicht, warum ich nicht rede. Aber ist gut so. Habe ich keinen verraten. Darum ist wichtig im Lager, nicht wissen und nicht erzählen. Der will vielleicht nicht verraten, aber kann der nicht durchhalten. Fünfundzwanzig, das geht. Aber bei mehr, da macht man schon in Hose, dann schlagen die den Dreck in das offene Fleisch, da spritzt die Scheiße oben raus von Kragen.«* Staszeks Worte wenden sich an niemanden mehr, er spricht freundlich mit sich selbst. Haß und Wut scheinen ihn nicht zu interessieren.

An einem frühen Morgen, als fast alles noch schläft, findet sich Staszek in der Küche ein, Geräusche von Metall auf Holz lockten ihn an; mit einem scharfen Messer wird blaßrosé zartes Putenfleisch gegen den Faserlauf in feine Streifen geschnitten. *»Der Mietek«*, erzählt er, *»den haben die mit Wurst geschnappt, große, gute von SS, heißt die Dauerwurst«*. Auschwitz ist schon wach. Staszek holt etwas Imaginäres aus dem Hosenbund, legt flink die eingebildeten Würste vor seine Füße, stellt sich kerzengerade mit zusammengeschlagenen Hacken davor und wiederholt monoton, *»hier liegen die, finde ich und hebe die auf, Herr«*, irgendwas mit *»führer«* hintendran. Zweihundert Schläge erträgt Mietek und bleibt stumm. Ehrfürchtig spricht Staszek über diesen Helden, dessen Haut, Fleisch, Muskeln nach zweihundert Schlägen in Fetzen von ihm hängen. *»Schneidet Arzt alles ab«*. Nach einer kurzen Pause fährt Staszeks wortlose Verachtung durch die morgendliche deutsche Küche. *»Organisiert* *sein Kommando Medikamente und lebt der durch. Wenn der redet, ist für viele schlecht, die mitessen, die Geld oder Gold organisieren, die Metzger und alle.«*

Erst vor kurzem hat er ein Buch von Leon Wanat über das Pawiak-Gefängnis gelesen. *»Der ist auch dazu gekommen, daß am meisten die hat durchgelebt, die nicht sprechen.«* Dann diskutiert er es noch einmal für sich: *»Manchmal sagt der nichts und ist tot. Wenn ich rede, da bin ich tot, weil bin ich schuld. Ist doch besser nicht sprechen.«* Irgendwie bleibt der Eindruck zurück, die Debatte sei noch nicht beendet.

[1] Maximilian Grabner (SS) war bis Dezember 1943 Leiter der politischen Abteilung in Auschwitz.

Ein Brett

Eisen auf Eisen, der Schlüssel rasselt im Schloß des Gitters zu seinem Bunkertrakt, Staszek horcht an der Tür, *»in Bunker macht jedes Geräusch Angst, weil kann immer sein, bringen die mich zum Wand«*. Bronek Borgowiec, den Kalfaktor, erkennt er an der Stimme, irgendein SS-Mann muß noch dabei sein, hin und wieder ist eine leise dritte Stimme zu hören. Zelle für Zelle wird aufgesperrt. Im Schloß zur Zelle 11, erst seit einigen Tagen Staszeks Bunkerzelle im Todesblock, dreht sich der Schlüssel. Durch die Geräusche vorgewarnt, steht er vorschriftsmäßig in der Mitte, legt die Hände an die Hosennaht: *»Häftling zwanzigneunundvierzig meldet sich zur Stelle.«* Staszek spielt die Szene vor.

Angst ist im Raum, angespannt steht er einen Moment vor einer unsichtbaren Autorität, *»der SS-Mann hat mich gleich auf die Fresse geschlagen, ich soll mich an die Wand stellen.«* Staszek macht beim Erzählen zwei Schritte mit dem Gesicht zur Wand, im Umdrehen beginnt er zu erzählen: *»Aber den Miazek Tadeusz, den habe ich gleich erkannt. Das ist der Dritte, ein Kamerad von Zimmerei. Den kenne ich gut. Der soll schauen, wo der Fußboden kaputt ist und soll das später reparieren. Miazek kontrolliert die Bretter, schreibt was und dann gehen die wieder weg.«* Staszek bückt sich und sucht nach einer ausgebesserte Bohle bis er sie findet.

Nach 39 Tagen Dunkelhaft in Nässe und ohne Pritsche wird er in diese Zelle verlegt, *»das ist schon großes Glück«*. Das Glück sind Licht und Sonne, eine Holzpritsche und der Holzfußboden. Als besonderes Glück erweist sich ein paar Tage nach dem

Kontrollgang das Fenster. *»Es ist offen, da höre ich eine Stimme. Das ist der Stefan Haba, auch aus Zimmerei. Fragt der leise, 'Staszek bist du da?' 'Ja', antworte ich dem, und der wirft mir eine halbe Portion von seine Brot in die Zelle.«* Staszek hält ein viel zu großes unsichtbares Brot in beiden Händen. Fast zärtlich schaut er es an: *»Ein Brot. Für mich. Von dem Stefan Haba. Der hat seine Hälfte abgebissen. Seine Zähne sind darin zu sehen, ja, seine Zähne.«*

Nur die Stille ist zu hören. Irgendwann fängt Staszek wieder leise an zu erzählen: *»Das war nicht nur Brot. Das auch, war auch wichtig. Aber da ist noch was anderes. Die haben mich nicht vergessen, die denken an mich, die wollen wissen, ob ich lebe, wo ich sitze, ob ich brauche Hilfe. Zum Überleben braucht man nicht nur Gesundheit und Glück, auch Freunde und ein gutes Kommando. Da ist eine Kette in Auschwitz, sehr dünn aber sehr stark.«* Beim letzten Wort ballt Staszek eine Faust mit angewinkeltem Unterarm – weniger eine Drohgebärde als eine an sich selbst gerichtete Botschaft.

Erst nach der Entlassung aus dem Bunker, nach insgesamt 53 Tagen, klären sich die Zusammenhänge auf. Das Kommando Zimmerei sucht nach einer Möglichkeit, in den Todesblock zu kommen, sie erinnern sich an längst überfällige Reparaturarbeiten in den Zellen, *»vielleicht haben die das mit dem Schreiber Pilecki, Nummer 808, besprochen, aber weiß ich nicht«*. Miazek Tadeusz wird damit beauftragt, weil er Staszek kennt, *»soll der schauen, ob ich noch lebe«*. Er kann dann zwar kein Wort mit Staszek wechseln, erkennt ihn aber und sieht, wie schmal er ist. Nun ist in der Zimmerei auch bekannt, Staszek sitzt in Zelle 11. Stefan Haba wird verständigt, der zu jener Zeit im ersten Stock

des Todesblocks in Quarantäne isoliert ist, wer und wie, weiß Staszek nicht mehr, nur *»das war schwer, weil da durfte keiner rein«*. Drei- oder viermal versorgt Stefan Haba Staszek jeweils mit einer Hand voll Brot, vielleicht 150 Gramm, immer während des Hofgangs, *»bei einer Runde hat er mich leise gerufen, bei nächster geworfen«*.
Brot nimmt in Staszeks Leben eine hervorragende Rolle ein. *»Manchmal, da nehme ich mir ein Stück, trocken ohne irgendwas, solche dicke Scheibe wie war Ration in Lager«*, er hält dabei ein imaginäres Stück zwischen Daumen und Zeigefinger – allein die Vorstellung breitet schon Freude in seinem Gesicht aus. Mit dem Brotkauf gäbe es immer Ärger, erzählt Regina. *»Ich sage Staszek genau, wieviel er einkaufen soll. Er kauft immer mehr, immer zuviel, seit Jahren, reden hilft nichts, schimpfen auch nicht. Passe ich nicht auf, ist innerhalb kurzer Zeit ein großes Fach im Küchenschrank mit Broten vollgestapelt.«* Nur mühsam siegt nach diesen Erzählungen die Heiterkeit zwischen den beiden.

Die Tür der Bunkerzelle wird aufgerissen, zehn, zwölf Männer stehen in ihrer Zelle stramm – weil es Kaffee gibt, ist es morgens. Der Neue aus Katowice posiert, wie immer wenn Geräusche zu hören sind, mit hochgestreckten Beinen und Armen und schneidet dazu eine Fratze. Kaffee, Brot und Suppe, in den vergangenen Tagen von den Mitgefangenen für ihn in Empfang genommen, hortet er unangetastet unter seinem Bett. Unverständnis baut sich auch bei dieser Mahlzeit zwischen ihm und den anderen Häftlingen auf. Noch bevor es sich so recht in Worte auflöst, wird die Tür erneut aufgerissen, und alle außer Staszek und dem Katowicer werden *»weggenommen, an die Wand«.*
Die Zurückgebliebenen erzählen sich den ganzen Tag, *»immer wenn wir Schritte hören, da springt der wieder auf die Pritsche und macht die Pose. Ich frage ihn, warum der das macht. Da sagt der, daß er spielt verrückt sein.«* Damit verknüpft er die wahnsinnige Hoffnung, vor weiteren Schlägen verschont zu sein und versichert Staszek immer wieder, daß er außerdem die SS darauf hinweisen werde, ihn zu schlagen sei sinnlos, er werde auf keinen Fall reden. Staszek ist überzeugt, dem Katowicer wurde der Verstand erschlagen, *»denke ich schon deshalb, weil der nicht ißt«.* Fest an seine Freilassung glaubend, wird er am nächsten Morgen aus der Zelle geholt. Staszek, neunzehn Jahre alt, mit zwei Jahren Lagererfahrung ein alter Hase, weiß schweigend um dessen Schicksal, *»wenn der ist von Katowice nach Auschwitz gebracht und nicht eingetragen als Zugang, ohne Nummer, sitzt der noch in zivile Kleider, da bestimmt wird der*

erschossen. Ist der nicht wiedergekommen. Ein Pole. Da esse ich sein Brot.«

Staszek erinnert sich an einen anderen Polen, mit dem er ebenfalls ein paar Tage erzählend verbrachte, noch in Zelle 11. *»Das war der Poll. Morgens, wenn ich Schlüssel höre, sitzen wir eng zusammen vor Heizung. Der hat seinen Kopf auf meine Schulter gelegt. Als ich aufstehe, fällt der um. Ich schaue, lebt der nicht mehr. Tot, verrückt ...«*, der Satz hat kein Ende.

Als Regina und Staszek in den 60er Jahren mit ihren beiden noch kleinen Töchtern an der Ostsee zelten, sucht ihn selbst eine heftige Wahrnehmungsstörung heim. Von einem Albtraum geweckt, liegt er morgens wach auf seiner Luftmatratze, schweißnaß, und kann die fixe Idee nicht verbannen, wieder im Lager zu leben. *»Sehe ich Regina, sehe ich Wanda, sehe ich Krystyna, Zelt und alles, aber denke ich, ich bin im Lager und träume dort, daß ich befreit bin und mit meiner Familie Urlaub mache"*. Es dauert, bis Gefühl und Wahrnehmung wieder zueinanderrücken. Staszek nimmt an, daß dieser Traum dadurch ausgelöst wird, daß sie eng nebeneinander im Zelt liegen, *»ist das wie in vierzig im Lager«*. Wegen eines kurz darauf erlittenen Herzinfarkts wird Staszek gründlich untersucht, *»sagt der Arzt, habe ich schon einmal Herzinfarkt gehabt. Denke ich, das war an dem Morgen in Zelt. Habe ich mit andere Häftlinge gesprochen über solche Träume, haben die auch.«* Den Satz, ‘bei dem, was du erlebt hast, wäre es unnormal, normal zu sein’ klopft er auf seine Logik ab, amüsiert sich köstlich und macht ihn sich zu Eigen.

Die Wand

An der Todeswand zieht Staszek seinen Kopf zwischen die Schultern, neigt den Kopf, schließt das linke Auge, sein Finger krümmt sich am Abzugshahn, begleitet von einem leisen *»pick, pick, pick«*. 'Mit Schalldämpfer', fragt jemand. Keine Antwort. *»Von Anfang weiß ich nicht, was das ist, pick, pick. Nachher höre ich: Niech zyje – pick und auch Jezus, Ma – pick*[1]*. Ah, da weiß ich dann, was geht da vor.«* Nach und nach sortiert er die Geräusche in ihre Reihenfolge, erkennt die Räder des Rollwagens, Leiche auf Holz, Leiche auf Leiche, Rollwagen auf Kies, Tor auf, Tor zu – Ende.

Im Lager ist längst bekannt, daß im Block 11 exekutiert wird. Beim Morgenappell verliest der Blockälteste die Nummern von Verurteilten, sind die anderen Häftlinge zur Arbeit ausmarschiert, werden sie in den Todesblock gebracht.

Dennoch bringt Staszek diese Information und das pick-pick-Geräusch nicht sofort zusammen, das er durch sein zum Hof hin geöffnetes Zellenfenster im Keller des Todesblocks hört, trotz – oder gerade wegen? – seiner ständigen Angst, erschossen zu werden, die von jedem Geräusch auf dem Bunkerflur aktualisiert wird. Die Angst verweigert logische Querschlüsse. *»Wissen von Erzählen und wirklich hören, das ist ganz verschiedene Sache. Ich habe nur gehört.«* Manchmal stundenlang, auch ganze Tage, auch mehrere hintereinander. Dann werden die Leichen an der Hofwand von Block 10 gestapelt, ihr Blut soll unter dem Tor auf die Lagerstraße gelaufen sein. All das erfährt Staszek erst nach der Befreiung. An Tagen mit wenigen Hinrichtungen wird im Waschraum von Block 11 exekutiert, wo er einige Male seinen Eimer ausleert und sein Geschirr wäscht. Bei Massenhinrichtungen warten die mit Draht gefesselten Delinquenten hinter dem Flurgitter im Erdgeschoß bis ihre Nummer aufgerufen wird, entkleiden sich im Waschraum, von wo man sie abholt. *»Das alles hat der Olek Mendyk mir erzählt. Weil der hat schon die Hände mit Draht gehabt. Einer von Zimmerei, der ist noch frei gekommen. Daß die nackt erschossen werden, wissen wir schon von Schauen durch Flieder.«*

In einer Zeit mit vielen Erschießungen sieht Staszek durch sein Zellenfenster SS-Stiefel. Eine deutsche Stimme fragt in seine Zelle hinein, 'ist da jemand?'. Staszek hält die Luft an, kein Ton kommt über seine Lippen. *»Habe ich Angst, daß die mich an Wand bringen, weil ich Geheimnis weiß.«* Das erzählt er vor dem Waschraum in Block 11 und ohne Übergang flieht er quer durch das Lager zum Tor hinaus, in die Obhut seiner Zimmerei: *»Wenn ich krank aus Bunker komme, da geben sie mir Chinin aus Kanada*[2]*, gegen Fieber. Da haben sie über 100 Pastillen für mich organisiert. Die anderen Häftlinge. Ein Zimmermann hat mir das aus Kanada organisiert.«*

[1] Der vollständige Satz heißt: 'Niech zyje Polska', zu deutsch: 'Es lebe Polen'.

[2] 'Kanada' bezeichnet im Lagerjargon den Ort, an dem vor allem jüdischen Häftlingen geraubtes Hab und Gut gelagert wird. Mit diesem Diebesgut entsteht ein reger Handel im Lager, sowohl unter den Häftlingen als auch bei der SS.

Reis

Am dreiundfünfzigsten Tag der Bunkerhaft steht der Kalfaktor Bronek Borgowiec in Staszeks Zelle, 'raus', befiehlt er. Beide schweigen, Staszek sucht Broneks Blick, der den Kopf leise schüttelt, *»ganz wenig, aber ich sehe«*. In der Schreibstube erfährt er, daß er entlassen wird *»auf den alten Block«*.
Das Ganze muß sich nachmittags zugetragen haben, weil Staszek sein Abendbrot mitbekommt. An das Datum erinnert er sich genau, es ist der 19. Juni 1942. Auf unsicheren Beinen steigt Staszek die Stufen von Block 11 zur Lagerstraße hinunter, die Welt hat ihn wieder, sein schwacher Körper greift danach. *»Bin ich fast zwei Monate nicht gewaschen, die Haare lang, nicht rasiert, ich stinke wie ... Die Sonne blendet. Es ist warm und ich noch mit dem Winterpullover.«* Er schlüpft mit dem Brotstück in der Hand aus den Ärmeln um den Pullover über den Kopf zu ziehen – zu schwach, er schafft es nicht. Just in dem Moment, als er nichts sieht, reißt ihm jemand sein Brot aus der Hand.
»Da höre ich die Stimme von dem Lagerältesten, dem Bruno, Nummer 1. War der bekannt im Lager als Schläger. Aber mir hilft der, hält der meinen Pullover fest und ich falle raus auf Erde.« In diesem Moment erinnert sich Staszek an dessen enge Beziehung zu seinem Oberkapo Reinhold Aurich. Auf die Frage, wer er sei, was er mache, antwortet Staszek, er komme gerade aus dem Bunker und wolle zu seinem Kommando Zimmerei. Staszeks Rechnung, doch wieder zu einem Abendbrot zu kommen, geht auf, 'geh zum Franz, der soll dir Abendbrot geben', befiehlt ihm der Lagerälteste; Franz Nierychlo ist Küchenkapo.

An der Lagerküche quittieren die Wachen Staszeks Wunsch mit schallendem Gelächter, doch er läßt nicht locker. Irgendwann rufen sie nach drinnen, 'der Muselmann[1] hier will nur mit dem Kapo sprechen'. Franz Nierychlos Kopf erscheint in einem Türrahmen und Staszek ruft ihm zu, daß ihn der Lagerälteste Bruno Brodniewicz schicke. *»Das ist wichtig, daß ich den Namen und den Vornamen sage. Die meisten Häftlinge wissen nicht, wie heißt der Lagerälteste.«* Staszek kann sein Anliegen vorbringen. Franz Nierychlo weist seine Leute an, Staszek mit Essen zu versorgen. *»Die geben mir Reis, weißen Reis mit Margarine und Zucker dazu. Den esse ich zum ersten Mal im Lager, der ist bestimmt von Kanada. Mit Zucker, süß.«* Reis war nie so weiß, Zucker nie so süß – Staszek versinkt in seinem weißen Reisberg.

Überraschung und Freude sind groß, als er in seinem Kommando auftaucht, beim Erzählen breitet er die Arme aus, umarmt sich schließlich selbst und reibt sich seinen Rücken. Sein Glück wärmt die Welt. *»Der Reinhold, der Oberkapo, sagt, soviele Tage, wie du warst in Bunker, so viele Tage brauchst du nicht arbeiten. Da steige ich morgens auf einen neu gebauten Holzturm. Die tragen die Leiter weg und ich schlafe den ganzen Tag.«*

Zu Hause kramt Staszek ein Buch hervor, in dem die Bunkerbücher im Faksimile abgedruckt sind. Die Seite, auf der sein Name steht, hat er im Kopf. *»Manche haben geträumt, sie sind im Bunker«*, macht er sich lustig, *»da haben die nach Befreiung erzählt, sie waren so und so viele Tage dort. Später finden die Bunkerbücher und da steht ihr Name nicht. Hat es gegeben.«* Fotos, die in einer Bunkerzelle aufgenommen wurden, als er erzählt, zeigen Staszek derangiert und um Jahre gealtert. Er sieht es selbst, *»wer ist das, dieser alte Mann«*, lacht er und, *»schon bei Befreiung habe ich graue Haare.«* Damals war er zweiundzwanzig Jahre alt.

[1] Als Muselmann werden im Lagerjargon bis zum Skelett abgemagerte Häftlinge bezeichnet, denen jegliche Vitalität, psychisch und physisch, abhanden gekommen ist.

Dreck

Als Staszeks Kommando an der Entlausungsbaracke rechts abbiegt, fällt der Blick unausweichlich auf den Kapo, der auf den Dreck einschlägt – bei jedem Schlag spritzt die gelblichbraune Mansche auseinander. Plötzlich springt er einen Schritt zur Seite und versinkt bis zu den Knien, offensichtlich hatte er vorher einen festen Untergrund. Der Dreck zu seinen Füßen bewegt sich, ein Kopf taucht aus dem Morast auf – er hatte auf einem Häftling gestanden. Die verschlammte Figur versucht sich aufzurichten, sinkt jedoch wieder kraftlos in den aufgeweichten Boden, das Gebrüll des Kapos nach seiner Nummer und seinem Block bleibt unbeantwortet. Einige Funktionshäftlinge ziehen den Menschen aus dem Schmutz, *»seine Nummer ist nicht zum lesen, da ist die noch auf Jacke geschrieben, vor dem Tätowieren auf Arm.«* Die Identität der Kreatur wird beim Appell ermittelt, *»wenn man weiß, wer fehlt«*. Das triefende Bündel zwischen Leben und Tod wird vor Block 5 abgelegt, *»bestimmt hat der nicht überlebt«*. Staszeks Arm fährt wütend in Richtung Boden.

Regina und Staszek besuchen in einem Frankfurter Krankenhaus eine Freundin, ehemals Häftling in Ravensbrück, die sie mit einem matten Blick des Erkennens begrüßt, sie liegt im Sterben. *»Da liegt die kleine Frau in schönes Bett, weißes, in schöne Zimmer mit Blumen, ist schön angezogen, Hände und Gesicht und Körper sind wie bei einem Muselmann. Aber die sieht schön aus, ist die glücklich. In meine Kopf da kommt, das ist auch ein Tod. Stirbt die so ruhig ohne Schlagen. Birkenau, Dreck, wo der Kapo einen von uns in Dreck schlägt, das ist auch Tod. Aber was* *für Tod ist das! Darum, wie man stirbt, das ist auch wichtig.«* Den letzten Satz gebraucht Staszek noch einmal, als er von der Hinrichtung des Lagerkommandanten Höss erzählt, dessen einsamer Tod von Zehntausenden mit Genugtuung beobachtet wird.

»Im Frauenlager habe ich gesehen, wie sie mit langen Stangen, vorne mit Haken, im Matsch nach Menschen suchen. Ist solche Zeit, wenn beim Appell einer ist zu wenig, zuerst suchen die in Dreck. Geben die nicht gleich Fluchtalarm. Und die finden. Oft. Der Dreck ist so tief, daß Umgefallene weg sind. Wenn einer schon schwach ist, kommt der nicht mehr raus.« In Baracken ohne Betonboden ist selbst dort Matsch, *»manchmal bis Knie«*. An einem klammen Sommermorgen schlüpft Staszek durch eine schmale Öffnung zwischen den Pfosten des ehemals tödlichen Zauns, dabei meidet er den nahen bequemen Eingang. Zu einer Lücke, der unterste Draht läßt einen guten halben Meter zum Boden, erklärt er, als sei es notwendig, *»so war das früher nicht«*. Jemand spricht seine Erleichterung darüber aus, daß die Zäune nun durchlässig sind, Staszek ist einen Moment irritiert und stimmt dann zu. Er marschiert kreuz und quer durch seinen Bauabschnitt[1] in Birkenau, mit jungen Schritten, keiner Pfütze, keinem Dreckloch ausweichend, wie damals und wie einer, der hier heimisch ist. Um seine so übliche wie sicherlich vergebliche Genauigkeit bemüht, wendet er die Frage hin und her, ob etwa in anderen Lagerabschnitten weniger Dreck war als in seinem.

»Das Wetter war in Auschwitz immer gegen uns, kann man so sagen. Im Sommer so heiß, daß die Erde platzt, im Winter zu kalt, sonst naß – besonders hier in Birkenau, weil das liegt zwi-

schen Weichsel und Sola, im Sumpf. Was man nicht sehen und fühlen kann, das ist der Dreck, der hier war.« Staszek ist wütend, daß er nicht zeigen kann, wie es wirklich war. Heute legt jeder Sommer aufs Neue seinen grünen Teppich über Birkenau. Gegen die Vergangenheit wetteifernd, sprießt es aus allen Ritzen, die Ruinen, die Latrinen versinken in einem Meer von Gräsern, Kräutern und Blumen. Damals, zu Staszeks Zeiten, gibt es kein Gras, *»bestimmt nicht, nicht auf BI, nicht auf BII und nicht auf BIII – wie kann was wachsen, wenn tausende Leute hier rumtreten«*.

Staszek erinnert sich an die Dreharbeiten zum polnischen Film »Die letzte Etappe« über die Frauen von Auschwitz. Das muß kurz nach dem Krieg gewesen sein, im Sommer, heiß und trocken. Um dennoch den authentischen Matsch zu zeigen, wird mit tankerweisem Wasser die Lagerstraße aufgeweicht. *»Da in Birkenau denke ich, das ist nicht richtig gezeigt. Im Film ist dann aber gut, fast wie war. Aber nur ein Spiel.«* Mit bitterer Stimme spricht er vom Stundengeld für die Komparsen und davon, daß diejenigen, die sich ihren Kopf kahlscheren ließen, höher entlohnt wurden.

[1] Das Lager Auschwitz II-Birkenau wurde bei der Planung in verschiedene Bauabschnitte unterteilt: BI bis BIII, die auch im Lagerjargon als Ortsangaben gebraucht wurden.

»Bitte, sagt der alte Mann, kannst du morgen oder nächste Tage ins Frauenlager gehen und meine Frau und Tochter suchen, hat der zwei. Ihre Nummer ist soundso.« Der Mann ist verzweifelt. Solange es geht, steht er allabendlich nach dem Appell am Lagerzaun nahe der Birkenauer Rampe, um Ausschau nach seiner Familie zu halten. Seit Tagen wartet er vergeblich, seit Tagen quälen ihn Fragen. Zaun, Rampe, Straße, Zaun trennen ihn von seinen Angehörigen. Bis vor drei Tagen waren sie abends an die Stacheldrahtumzäunung des Frauenlagers gekommen – um zu winken. Wenn sie auch nicht miteinander sprechen können, rufen ist verboten, so wissen sie doch voneinander, daß sie noch leben, wenigstens in diesem Moment.
Staszek arbeitet als Läufer seines Kommandos, jeden Tag geht er die über ganz Birkenau verstreuten Arbeitstrupps der Zimmerei ab, bringt Werkzeuge und notiert die benötigten Arbeitsmaterialien für den nächsten Morgen. »Ah, da kommt der Staszek«, begrüßt man ihn an den Blockführerstuben, ohne viel Aufhebens, ohne Kontrolle, winkt man ihn meist durch. Er ist einer der wenigen Häftlinge, die sich frei in den verschiedenen Lagerabschnitten bewegen können, sieht viel, erfährt viel. Suchaufträge und Nachrichtenschmuggel werden in Lagerwährung entlohnt: Ein Stück Brot, ein Apfel, ein Stift oder Seife. Staszek meint, nichts angenommen zu haben: *»Ich nehme gerne und gerne auch viel von dort, wo was ist. Aber wenn ich sehe, was die mir geben wollen, da weiß ich schon, daß die selber nichts haben.«* Staszek versteckt den Zettel mit den Häftlingsnummern der gesuchten Frauen zwischen seinem Werkzeug, fragt

sich im Frauenlager durch und wird fündig. Töchter und Frau des alten Häftlings leben. Einmal konnten sie wegen Blocksperre nicht zum Zaun kommen, den zweiten Abend wegen eines 'Läuseappells', am dritten Tag hatten sie womöglich erst im Dunkeln Feierabend, so daß sie wohl nicht mehr zu sehen waren.

Staszek erzählt auf der Straße neben der Rampe. Sein Arm zeichnet einen Bogen in der Luft zwischen Frauenlager und gegenüberliegendem Männerlager: *»Dort steht Tochter, dort steht Vater. Beide winken, sonst nichts, nur schauen.«* Die Szene der verhaltenen Botschaften und drängenden Fragen strengt ihn an. Nach einer kleinen Pause erklärt er: *»Da kommen die vielleicht mit Frau oder Mutter oder Tochter ins Lager. Nach dem Appell geht der zum Zaun und schaut zum Frauenlager. Das ist weit, fünfzig Meter. Er schaut, ob er eine Figur erkennt, vielleicht auch Gesicht, aber die ist jetzt ohne Haare, vielleicht schon dünn. Da ruft der einen Namen, trotzdem ist verboten, vielleicht Maria. Und da antwortet eine Maria, aber er weiß nicht, ob es die richtige ist. Wenn er schon was weiß, fragt der vielleicht mich, ob ich suche. Oft habe ich gefunden.«* Oft auch nicht und manchmal findet er die Gesuchten krank vor, erfährt man erst auf Nachfrage, von wütenden Händen begleitet, *»dann war schwer«*.

'Birkenau' ist für Staszeks kleine Tochter Krystyna das erste deutsche Wort, das sie lernt.

Zurück von einem Besuch des Museums Auschwitz träumt Staszek in der ersten Nacht schlecht. Er steht am Zaun seines Hauses, das im Traum das Lager ist, am Gartenzaun auf der anderen Straßenseite winken ihm Regina und die Kinder, sie wollen zu ihm. Panisch schreit er über die Straße, sie möchten dort bleiben, denn wer ihn besuche, käme auch ins Lager. Seine Worte halten sie nicht auf.

Vom Krieg

'Der Kapo des Zigeunerlagers[1]' – so fing dieser Text einmal an. Jetzt muß er heißen – Staszek ist es wichtig: *»Ein Magaziner der Zigeunerküche«* drückt den Zimmerleuten ein weißes Brot in die Hand: Verbotener Lohn für verbotene Dienste, sie haben Holzroste gegen die Nässe verlegt. Staszek klemmt sein Brot unter seinen Hosenriemen.

Schon von weitem ist das Geschrei von seiner Blockführerstube her zu hören, es wird gefilzt. Staszek sondiert die Situation und erkennt die Sackgasse für sich und sein Brot, der er nicht ohne eine Strafmeldung entkommen wird. Als er zwischen den kontrollierenden SS-Leuten seinen früheren Posten Schneider entdeckt, schöpft er Hoffnung auf einen vagen Ausweg. Er mogelt sich zu ihm durch, baut sich vor ihm auf, meldet sich vorschriftsmäßig in Deutsch, laut, und flüstert ihm leise hintendrein, auf Polnisch, daß Brot unter seiner Jacke stecke. *»Da schreit der Schneider, mit den Leuten von dem Reinhold ist immer Kummer, weg hier, raus. Dann schiebt der mich an der Reihe vorbei, die noch gefilzt werden soll. So stehe ich auf einmal hinter der Kontrolle und Schneider brüllt und macht mit Arme wie schlagen. Die andere SS-Männer denken, daß der hat mich schon gefilzt. Andere Häftlinge werden geschnappt und bestraft.«*

Nach dieser Filzaktion begegnet Staszek Schneider zufällig wieder, er bedankt sich bei ihm. Wegen seines Rufes als Schläger macht Schneider bei Staszek einen Rechtfertigungsversuch, *»hat der gesagt, Polen macht der nichts, nur Juden, weil die schuld sind für Krieg und so weiter«*. Ihm werde er immer helfen,

Staszek nimmt dieses Angebot wiederholt in Anspruch, für so bescheidene Dienste, daß sie keinen Platz im Gedächtnis fanden. *»Das war bestimmt schon auf Kippe von Krieg von gewinnen und verlieren.«*
Und davor? *»Von Anfang da war die frech, sehr frech, wollen die Ordnung haben und Ruhe, weil Polen ist Hinterland für Rußlandkrieg. Aber doch hat die Angst ein bißchen auch.«* Staszek erzählt vom Verbot, Werkzeug über Nacht im Lager zu lassen. Um jeglichen illegalen Gebrauch auch gegen die SS zu verhindern, muß es täglich in die Werkstätten zurückgebracht werden. *»Und müssen wir unten tragen«*, wie unten?, *»nicht auf Schulter, nicht wie Gewehr, deswegen bekommen wir einmal schwere Schläge«*. Vielleicht nähren klammheimliche Zweifel am eigenen Tun die deutsche Angst vor der blutroten Rache, vielleicht wird nur einem vulgären Gewaltmonopol gefrönt.
Als Staszek im Frühjahr 1942 in den Bunker des Todesblocks gesperrt wird, öffnet sich eines Nachts seine Tür, ein Arm wirft ihm eine Decke in seine Zelle und damit vielleicht genau den Funken Wärme, der seinem Leben fehlt. *»Kann nur einer von SS sein. Warum macht der das? Angst, dafür ist Krieg noch zu gut! Will der mir helfen!«*
Staszek erzählt von der Tötung eines SS-Mannes, die die Massenmörder von Auschwitz und ihre Helfer in Angst und Schrecken versetzt. Staszek ist nicht nur das Datum, der 23. Oktober 1943, gegenwärtig, sondern auch der Wochentag, *»es muß ein Samstag gewesen sein, weil will nächste Tag Kapelle spielen und wird die weggejagt«*. Als eine todesmutige Jüdin, ihre bevorstehende Vergasung ahnend, den SS-Oberscharführer Schillinger mit seiner eigenen Pistole erschießt, zeigt kurz

darauf ein mittlerweile namenloser SS-Mann Staszek dessen durchlöcherte Uniform. Während im Lager über die Aufgeregtheiten der SS gerätselt wird, teilt Staszek das erfreuliche Geheimnis über den zu späten Tod des Sadisten Schillinger schon mit seinen Freunden. Entgegen der Beschreibung von Danuta Czech, Ort des Geschehens sei der Auskleideraum des zweiten Krematoriums gewesen, geht Staszek davon aus, daß Schillinger auf der Birkenauer Rampe getötet wurde.

Nein, ein Lachen über Schillingers Tod hätten sie sich damals nicht erlaubt. *»Lachen wir überhaupt nicht viel im Lager, aber doch, bei Stalingrad bestimmt«*. Aber auch über die Verluste der Luftlandetruppen auf Kreta, über die verlorene Panzerschlacht bei Kursk, über die deutschen Untergänge vor Moskau und Leningrad und natürlich über das Ansinnen der Deutschen, die ganze Welt erobern zu wollen. Je aussichtsloser die deutsche Lage wird, um so lustiger werden die Häftlingsgespräche über den Krieg. *»Heute gehört uns Deutschland und morgen die ganze Welt«*, stimmt Staszek fröhlich an und läßt auf jedem Ton die Häme Pirouetten drehen, *»ganze Welt ist ein bißchen viel«* – dabei erhebt er drohend seine Faust. Er sinniert über die wechselnden Dimensionen dessen, was der Größenwahn jeweils seine ganze Welt nennt, quer durch die Zeiten. *»Für die Cäsaren war das ein Stück Europa, für Alexander von Persien bis Indien, Politiker sprechen von der ganzen Welt und meinen Europa, oder reden sie von Europa und meinen ihr Land. Welche von unsere Politiker sagen was im Namen von ganze Volk. In Wirklichkeit sind das sie und noch Zehne.«*

Die meisten Informationen über den Kriegsverlauf stammen von der SS, *»bumbumbumhirisradiolondon, das hören nur die*

Elektriker, weil die haben Apparat und reden die nicht viel, weil dann ist Filzung und erledigt, oder hören noch die von SS-Führerheim, welche dort arbeiten«. Eine Kuriosität fällt ihm ein. Ein Posten, den er nach den deutschen Verlusten fragt, immerhin hätten sie die stärkste Armee der Welt, scheint die Ursache zu kennen. Die Russen nämlich verfügten über so große Panzer, daß aus deren Bäuchen viele kleine rollten und *»alle alle schießen«*. Die Angst mache den Kopf kaputt, sagt Staszek heute, damals fragt er einen von einer Panzereinheit, ob das möglich sei, *»hat der gesagt, in Panzer ist kein Platz dazu, Panzer ist keine Garage, da ist Kanone und wo man sitzt, mehr nicht.«*
Die Angst der SS, den Krieg zu verlieren und Rechenschaft ablegen zu müssen, läßt einige geschwätziger und nachsichtiger werden, am besten mit doppeltem Boden, was heißt, wenn es keiner aus den eigenen Reihen sieht. Andere werden noch härter, mit deren Furcht wächst proportional die der Häftlinge vor ihrer Unberechenbarkeit.
Als Ende Juli 1944 das weiter im Osten liegende Konzentrationslager Majdanek befreit und die SS eingesperrt und mit Prozessen überzogen wird, *»sagen die, so dumm werden die in Auschwitz nicht sein, wir werden euch alle erschießen«*. Noch Ende April 1945, auf dem Fußmarsch von Ingolstadt nach Dachau, faselt ein SS-Mann Staszek gegenüber von einer Wunderwaffe, die ihm die Verantwortung für sich abnehmen möge. Eine Moral, die sich selbst für gut erklärt und andere für schlecht, verurteilt Staszek moralisch. Fuchtelnd empört er sich über die windigen Grundsätze der SS. *»Die haben solche primitive Moral, daß die Gewinner gibt die Moral. Wenn die sind Gewinner und schlagen, sind die gut, wenn die Russen und*

Amerikaner sind stärker und gewinnen, sind die gut. So glauben die. Sofort. So habe ich sie gesehen. Fallen die um ohne denken.« Dann führt er die Polen als besseres Beispiel an, weil sie an ihrer Nationalität unabhängig davon festhielten, wer sich jeweils als Herr ihres Landes begriff.

[1] Im Bauabschnitt IIe in Birkenau waren von Februar 1943 bis August 1944 Roma- und Sintifamilien untergebracht; die Nazis nannten diesen Bauabschnitt 'Zigeunerlager', die Häftlinge übernahmen diese Bezeichnung.

Flak

Als die Flakstellungen fertig sind, bauen die Zimmerleute fünf Holzkisten und befüllen sie mit Erde, dann häufen sie rund um die kreisförmige Stellung einen über zwei Meter hohen Erdwall auf, bei dem am oberen Rand in Richtung Lager allerdings eine ein Meter hohe und vier Meter breite Lücke auszusparen ist. Wozu diese Lücke, wozu diese Kisten? Die Häftlinge fragen die Wehrmachtssoldaten, die seit Monaten ihre Arbeit beaufsichtigen und zugleich die spätere Besatzung der Flakstellung sein werden. *»Sagen die, das ist für euch, wenn dort was passiert, dann ziehen wir die Kisten raus und schießen zu euch ins Lager. Das waren nicht große Kisten, die können zwei Mann tragen. Wenn die weg sind, kann die kleine Flakkanone flach schießen.«*
Staszek zeichnet bei verschiedenen Gesprächen technische Details der Flakstellung auf, von besonderer Bedeutung sind die Millimeterangaben der Kanonen. *»Später bauen die größere Geschütze, da brauchen die keine Kisten mehr.«*
Beim Aufstand des im Krematorium IV arbeitenden Sonderkommandos, als die Sirenen alle Häftlinge ins Lager zurückheulen, die SS aufgeregt mit Maschinenpistolen herumläuft, fällt Staszek zuallererst die Angriffsmöglichkeit durch die Flak-Geschütze ein, erst als wieder Ruhe einkehrt, ist Platz für Bewunderung und Schadenfreude.
Bei den Ausbauarbeiten der Flakstellung treffen täglich Häftlinge und Wehrmachtssoldaten aufeinander, man kennt sich namentlich, kennt die Familienverhältnisse, die Herkunft, man spricht darüber, was im Lager los ist und so weiter. *»Weinberger hat den Krimkessel überlebt, Moll – nicht der von SS, war der*

von Wehrmacht, ist sehr jung und spricht Polnisch ohne Akzent, da ist noch ein kleiner, ein Melker vom Dorf, der spricht schlecht Deutsch und sehr schlecht Polnisch. Janisek, von dem weiß ich nichts mehr, der Mandla ist vom Dorf, der Spieß aus Köln, der Major aus Wien.« Miteinander zu sprechen ist selbstverständlich verboten, weder der Flakoffizier noch einer der Soldaten befolgen dies. Man tut sich den einen oder anderen Gefallen, tätigt kleine illegale Geschäfte. Die Soldaten nehmen Briefe mit, im Gegenzug werden sie mit Empfehlungen ausgestattet, um Schwarzmarktlebensmittel zu bekommen, denn *»welche polnische Zivilisten verkaufen für Wehrmachtssoldaten irgendwas? Ende vierundvierzig haben die selbst wenig.«* Die Soldaten organisieren gegen Geld Lebensmittel und Medikamente für die Häftlinge. *»Da war gutes Verhältnis, anders als von SS. Hat nie einer geschlagen, nicht der Spieß, nicht der Major. Der Spieß sitzt tagelang mit unsere Kapo in die Bude.«* Nicht in großer Runde, aber bei Gesprächen mit einzelnen, redet man auch über den Krieg und darüber, daß die nahen Krematorien blutendes Feuer speien.

An ein Gespräch erinnert sich Staszek mit dem allergrößten Vergnügen. Ende 1944. *»Der Schutzhaftlagerführer Schwarzhuber redet beim Abendappell, daß wir sind Träger von europäische Kultur. Jetzt kommen die Bolschewiken und vernichten alles bis Erde und bleibt nichts. Da sollen Häftlinge zusammen mit deutsche Wehrmacht kämpfen«*, vorausgesetzt, man ist oder wird Deutscher. In Auschwitz melden sich nicht viele. Im Block wird abends etwa so diskutiert: *»Gestern waren wir noch die Schweine, die Hunde, die Ratten und heute Kulturträger, welche Kultur soll das sein?«* Von der Schwarzhuber-Rede erzählt

Staszek am nächsten Tag dem jungen Wehrmachtssoldaten Weinberger. *»Der kommt aus Opole und spricht so ein schweres Polnisch mit deutsche Akzent: Oh pieronie, teraz jest juz saposno – Donnerwetter, jetzt ist es schon zu spät«*. Staszeks Lachtränen kullern über den polnischen Satz. Nach Meinung Weinbergers hätten sich Polen und Deutsche von Anfang an zusammenschließen sollen, um eine Chance gegen die Russen zu haben, *»meint der, weil Polen gegen Russen immer gewinnen«*.
Bei Luftangriffen setzen sich die Häftlinge in ihre Baubude, die Soldaten schießen mit ihren Kanonen auf Flugzeuge, die einen freuen sich über die Treffer, die anderen über jeden Schuß, der daneben geht. Hätten die auch auf euch geschossen? *»Bestimmt.«* Das Chaos der Werte und Beziehungen ist perfekt. Staszek scheint vollends gelassen. Auch bei dem Gedanken, daß ihn sein Freund Weinberger von der Flak hätte erschießen können. *»Befehl ist Befehl«*, zuckt er mit den Achseln, als hätte er notfalls noch ein Leben in petto gehabt.
Den jungen Moll trifft Staszek 1949 in Katowice. *»Ich steige in die Straßenbahn und der sieht mich und wird weiß. Ich kann gegen den kein schlechtes Wort sagen. Der hat auf uns aufgepaßt, ja, mehr nicht. Ich sage dem, oh Moll, ich freue mich, daß ich dich sehe und der geht langsam zum Ausgang, rückwärts. Ich steige hinten ein, der ist in Mitte. Der antwortet, ja, jetzt wohne ich in Giszowiec mit meiner Mutter und so weiter. Und auf einmal springt der raus aus Tür, vorne beim Chauffeur, bei Fahrt. Der hat nicht auf Haltestelle gewartet. Der war weiß wie Bettuch. Sogar die Augen haben Angst. Der ist gegangen und gegangen und gleich gesprungen.«*

Die Uhr

Der Jude vom Sonderkommando[1] gibt Staszek eine Armbanduhr und bittet, ihm dafür irgendetwas zu essen einzutauschen, *»davon bekommt der Hälfte und Hälfte ist für mich.«* In Staszeks Block leben die Mitglieder der Birkenauer Kapelle des Männerlagers, einer von ihnen ist Goldschmied und wird sowohl von den Häftlingen als auch von SS-Leuten zur Schätzung von 'organisierten' und gestohlenen Preziosen herangezogen. Die Uhr ist wertvoll, Staszek wird bei einem Soldaten oder Zivilisten beim Flakausbau etwas eintauschen können.

Staszek erzählt die Geschichte zum erstenmal zu Hause, karg und vage, als er sie noch einmal in Birkenau, in seinem Block, schildert, ist der Name des Juden vom Sonderkommando wieder da. Zu Staszeks Schulklasse in Warszawa gehörten zwei jüdische Mitschüler, einer hieß Bleiweiß, der andere war jener Ehrlich, der mit dem Krieg aus der Schule verschwindet und in Birkenau in der streng bewachten Nachbarbaracke wieder auftaucht, *»ist der von Ghetto nach Auschwitz gekommen, aber nicht von Warszawa«*.

Die Häftlinge des Sonderkommandos sind als Geheimnisträger zusammen mit der Strafkompanie isoliert, in den Zäunen von Birkenau noch einmal eingezäunt. Wie kommt Ehrlich da raus, zu ihm? Staszek entsinnt sich nicht mehr, die Frage hält ihn die darauffolgende Nacht wach, morgens hat er eine mögliche Erklärung, da sind keine Toiletten innerhalb der Umzäunung, die Pläne weisen ein 'L' für Latrinen aus, er bezweifelt die Zeichnungen. Vor Ort wird klar, da sind Seifenschalen, Wasserrohre und auch Latrinen. Keramikscherben geben die

Fa. Hoffmann & Co. aus Bunzlau, heute Boleslawiec, als Hersteller an. Staszek entdeckt die Anschlüsse für einen Waschraum, *»alle Blöcke sollen so umgebaut werden, Material ist schon da, werden aber nicht mehr fertig«*.
Ohne ersichtlichen Grund erzählt Staszek, daß über die Latrinen Funktionshäfltinge wachen, *»Scheißmeister ist guter Posten«*, in seiner Stimme schwingt Bewunderung mit, *»hat der solche Bude, ist der drinne, kann der was organisieren und kochen«*. Zu den Latrinen gibt es nur stundenweise Zugang, für Staszeks Anfangszeiten erinnert er sich an zu wenig Latrinen, *»da zählt einer bis zehn und dann muß man schon wieder draußen sein«*. Als er in BIb in Birkenau untergebracht ist, hat er wegen einer Klobenutzung eine tätliche Auseinandersetzung mit einem Funktionshäftling, aus der er als Sieger hervorgeht. Irgendwann referiert Staszek zusammen mit einer ehemaligen Häftlingsfrau vor einer Jugendgruppe. Danach unterhalten die beiden sich darüber, was sie nicht erzählt haben. Eine dieser Geschichten Staszeks trägt sich in BIb zu, wo der zuständige Funktionshäftling sich einen Spaß daraus macht, schwache, kranke Häftlinge von den Latrinenbrettern in die Jauchegrube zu stoßen bzw. hineingefallene Häftlinge mit Stangen am Herausklettern zu hindern. *»Gehn die unter«*, der Satz bleibt so halb stehen, Staszeks Hände fahren bitter durch die Luft.
Staszek kehrt zu Ehrlich zurück, *»geht der vielleicht mit Bestechung aus seine Block, vielleicht noch eine Uhr«*. Er weiß nicht mehr, wie es gewesen sein könnte. Vergessen. Die deutsche Redewendung vom Gedächtnis wie ein Sieb, läßt Staszek auflachen. *»Muß ich Tagebuch schreiben in Auschwitz, daß ich nicht alles vergesse. Muß ich schreiben, wann habe ich Butter*

getauscht, wann Wurst, von wem, für welchen, wer hat gefragt, weil war manchmal anderer als der, der bekommt, wer hat noch gewußt und so weiter«, dann frotzelt er noch hinzu, *»und freut sich der Lachmann von politische Abteilung, wenn der findet, weil hat der nicht so viel Arbeit mit fragen und schlagen, wird gleich Kopf abgeschnitten und erledigt«*.

Vermutlich weil keiner der Flak-Soldaten etwas zu tauschen dabei hatte, nimmt Staszek an jenem Tag die Uhr wieder mit ins Lager. Am Tor zu seinem Bauabschnitt wird gefilzt, die Uhr brennt an seinem Arm. Staszek entledigt sich ihrer, wirft sie in den Dreck, ungesehen. Abklopfen, Taschen vorzeigen, Jacke hochheben, Füße und Hände zeigen und Ärmel hochziehen. Der Blockführer entdeckt den Abdruck an Staszeks linkem Handgelenk. Woher rührt er? Von einer Uhr? *»Nein, Herr Blockführer, eine Uhr, nein, wie soll das sein. Ich habe solchen Riemen gehabt, weil die Hände beim Arbeiten weh tun.«* Staszek versucht den Beweis mittels Lederriemen am anderen Gelenk. Der ihn bereits gefilzt habe, hätte ihm den zweiten Riemen abgeschnitten. *»In die Schnauze hat der mich ein paarmal. Weg. Ab. Hat der geschrien. Ohne Kugel, ohne Meldung zu Strafe. Aber die Uhr habe ich weggeschmissen.«* Abstreiten ist wichtig und eine gute Ausrede ist wichtig, auf Anhieb. 'Manchmal frage ich nur, wo ist dieses oder jenes, weil ich etwas suche', erzählt Regina, 'da ruft Staszek schon, er hat es nicht'.

[1] Im sogenannten Sonderkommando waren alle in den Krematorien arbeitenden Häftlinge zusammengefaßt.

»Am Sonntag haben die Posten frei. Wir arbeiten nur im Lager. Da kommt unser Oberkapo, der Reinhold Aurich, und sagt zu uns, dreißig Zimmerleute müssen zum Barackenaufbau nach 'Mexiko'. Vielleicht war das Anfang dreiundvierzig, wenn wir bauen unsere Baracke für Werkzeuge und Baumaterial. Ich gehe und noch paar andere. Der Vorarbeiter, Janek Szpalerski heißt der, sagt, soll ich auf Dach gehen und ein bißchen klopfen, und schauen, was werde ich sehen. Und sehe ich, kommt Transport von die Judenrampe. Ist nicht großer Transport, vielleicht zweihundert Leute zusammen, Frauen, Männer, Kinder. Fahren die durch Lager mit Auto, dann hinten rechts zu eine Haus. Von Anfang, da hat die Leute aus das Auto gesprungt. Aber die aus nächstes Auto wollen nicht aussteigen. Sie schreien. Ein SS-Chauffeur geht in Auto rein, macht Kippe hoch und schmeißt alle Leute runter. Dann kommt noch ein Auto, noch ein Auto. Die Leute wollen nicht ausziehen. ... Es war nicht so warm. Neunzehnhundertdreiundvierzig.
Das war nicht zum hören, war Stimme da, aber zum Verstehen zu weit, trotzdem SS schreit. Aber sehe ich Hände, Bewegung. Da kommt das Sonderkommando und reißt Frauen Kleider und Männer Anzüge ab. ... Dann gehen alle Leute rein in das Haus. Ich weiß nicht, wieviel kann dort sein. Aber war da voll, daß einer die Türe zudrückt und zuschraubt. Das sieht man, wie der dreht, wie der durch Schrauben das verdichtet. War Rad wie bei Auto zum Lenken.
Nachher kommt ein SS-Mann mit Büchse und Gasmaske und schüttet was in Haus hinein. Vorher nicht, aber dann, da hören

wir so ein Schreien, von Erde, mit solche Stärke.
Und war noch was anderes. Da sind Kinder geblieben. Sechs, sieben, zehn, weiß ich nicht mehr wieviel. Solche kleinen Kinder, angezogen mit verschiedene Kleider, mit Mantel ... Dann nimmt ein SS ein Kind an die Hand, und das die Hand von nächste Kind, und so weiter. Und da gehen die wie bei Kindergarten Hand in Hand langsam mit. Ganz hinten noch ein zweiter SS. Da sind Eisenbahnschienen, schmaler als normal, dort gehen sie. Bis zu einem Graben, wo ein Feuer brennt. Dann nimmt der ein Kind und schmeißt so in Feuer. Dann ist ein Schrei und dann wieder ruhig. Und so weiter. Das machen die ganz schnell, die beiden SS. Eins nach dem anderen, ohne Pause. Zum Weglaufen sind die Kinder zu klein. Die wissen gar nicht, was da ist los.
Vielleicht eine halbe Stunde später kommen welche von Sonderkommando und macht Tür von Haus auf. Dreht. Da haben die dicht gestanden, ganz nackt, ganz dicht. Da haben die Rollwagen, nicht mit Kippe, mit Plattform und legen die Leichen auf die Plattform. Dann werden sie dort zu dem Graben gefahren und wird eine Leiche nach der anderen dort geschmissen. Dort, wo kleine Kinder waren. Jedesmal nehmen sie die Leute an Beine und wenn Frauen, an Haare, packen die und werfen die rein. Die nackten Leichen haben so geblitzt, die weißen Körper. Da war Rauch und Erde war braun, dreckig. Und das Weiß hat so geblitzt. ... Ich bin nicht allein auf Dach, der mit Axt kloppt. Wir passen immer auf, was ist da passiert. Da sind viele von uns, die das sehen.
Kann ich nicht einfach so schauen. Wenn mich ein Blockführer sieht, da kann gefährlich sein. Wir tun so, als ob wir nicht sehen,

was da überhaupt los ist. – Pah. Was ist dort? Ah, weiß ich nicht. Was da stinkt? No, vielleicht brennt dort was, das stinkt. – Aber es stinkt nicht nur im Lager. Das stinkt noch fünfzehn Kilometer in der Umgebung. Da war, wenn es dort brennt, da war sowas wie Nebel, der sich zieht nach Brzeszcze, nach Nowy Bierun. Dort wissen alle Leute, was stinkt. Bestimmt spricht niemand laut. Aber zu Hause, da werden sie richtig sprechen.
Im Lager haben wir nicht viel davon erzählt. Das war nichts Neues. Das war nicht zum Erzählen. – Oh, gestern habe ich gesehen, wie die sind zum Gaskammer gegangen. No ja, hast du gesehen.- Was ich sehe, ist meine Sache im Lager. Da ist niemand neugierig, da erzählen wir wenig. Und mit SS oder sonstwas, da haben wir überhaupt nicht gesprochen. War da auch neue SS, die nicht viel weiß, Posten und so was. War Zeit, da fragen die uns, was da brennt und woher werden sein kaputte Geldscheine, welche liegen auf Straße nach Gaskammer. Weiß ich nicht, rede ich nicht mit dem davon.«

Rosinen

Staszek und drei weitere Zimmerleute und ein Wehrmachtssoldat steigen die Kellertreppe hinunter und stehen plötzlich Engländern gegenüber, *»Kriegsgefangene, wahrscheinlich von Flugzeuge, die arbeiten da in dem Haus, heute ist dort Schule, war auch meine Schule nach fünfundvierzig«*. Woher die Päckchen so schnell kommen, weiß Staszek nicht, nur soviel, daß sie ihnen wortlos zugesteckt werden, *»zwei Schachteln für jeden mit gepreßte Rosinen – in Auschwitz«*, fügt er ungläubig hinzu, *»die sehen wir viele Jahre nicht, ich weiß schon nicht mehr, wie die schmecken. Ist solche Bild auf Schachtel auch von Rosinen, braun, süß.«* Staszek kostet die Worte. Wenn er heute Kuchen ißt oder Rosinen sieht oder ißt, *»das interessiert mich nicht«*. Aber wenn er ein Päckchen mit Rosinen sieht, da stehen die Bilder auf: Engländer – Rosinen – Kukla.
Die Zimmerleute beraten gemeinsam über die gewinnbringendste Verwendung der Rarität und kommen auf Kukla vom Küchenkommando, der ihr Essen ausgibt, und den sie schon so oft und immer vergeblich zu größeren Rationen zu bewegen versuchten. Staszek wird mit der Verhandlung beauftragt, die sich etwa so abspielt: *»Ich habe was für dich, Rosinen. – Rosinen? Von wo? – Vom Himmel. – Gib sie mir, ich werde für unseren Chef von SS Kuchen backen. – Die zweite Schachtel ist nicht für dich. Für einen anderen, der mehr Suppe als du gibt.«* Kukla, *»Nummer achthundert und was«*, bekommt die Rosinen, im Gegenzug erhält von jenem Tag an das Kommando Flakausbau die doppelte Portion Suppe. Diese Regelung überdauert sogar Kuklas Posten in der Birkenauer Küche, verabre-

dungsgemäß schreibt er seinem Nachfolger auf die Verteilerliste: Flakausbau – volle Tonne.
Kukla arbeitet zur selben Zeit wie Staszek im Museum, er spricht ihn auf diese Rosinen an, aber Kukla erinnert sich nicht. *»Nach paar Monate sehe ich den wieder, weiter weg, der ist auch auf Wache und da schreit der, ja jetzt weiß ich wieder von die Rosinen, acht Schachteln war das«*. So als dürfte Kukla das auf keinen Fall erfahren, was er längst weiß, flüstert Staszek geheimnisvoll: *»Haben wir dem nicht alle auf einmal gegeben, weil wollen wir sehen, ob das geht gut, weil der Kukla nicht immer selbst verteilt, da müssen wir sehen, ob das trotzdem klappt.«*
Bei einem Auschwitzbesuch schlägt jemand vor, Staszeks Arbeitsplatz Flakausbau zu suchen. *»Flak«*, antwortet er, *»da haben wir bekommen kleine Kessel, vor Rosinen fünfundzwanzig Liter für zwanzig Mann, nach Rosinen fünfzig Liter.«* Und plötzlich erinnert er sich vage daran, daß sie sich einen größeren Schöpflöffel anfertigen ließen, um nicht durch die unüblichen zwei Schläge aus einem kleinen Schöpflöffel für jeden Häftling auf ihre doppelte Portion hinzuweisen.

Sauna

Das Zimmereikommando marschiert an der Blockführerstube vorbei, biegt links in die Lagerstraße ein, passiert Bauabschnitt IIe und IIf, dann das Tor zum Sicherheitsbereich von Birkenau, dort, wo die Krematorien sind. Dahinter liegt die Sauna.
'Na, wo geht's heute hin? Krematorium oder Sauna?' – versucht einer in Staszeks Reihe zu scherzen. Die Frage geistert durch die Reihen, hängt sich an den einen und anderen, Staszek kann sie nicht lustig finden. *»Wenn ist Abendappell und sucht die zum Vergasen aus, die Muselmänner, manchmal paarhundert aus eine Bauabschnitt, da gehen die dieselbe Weg und die Frauen von Mexiko auch.«*
Als sich die Angst an ihn klammert, denkt er gegen sie an. Dazu klaubt sein Wissen zusammen: Sind Schäferhunde dabei? Nein – das ist ein Indiz gegen Krematorium und für Sauna. Die Furcht hingegen zischt ihm zu: in letzter Zeit treiben sie viele Kolonnen ohne Hunde zu den Gaskammern, Alte, Kranke, Schwache, Kinder. *»So wie wir jetzt, so sind die gegangen, wir schauen heimlich zu, damals.«*
Auf dem Weg damals ist sich Staszek plötzlich ziemlich sicher, die Zimmerleute würden sie mit Hunden ins Gas führen. Die kleine Ruhe in ihm kippt wieder, als er sieht, daß sie mehr SS begleitet als sonst. Er kennt die Grundregel: Marschiert eine Kolonne ins Gas, ist viel SS dabei. Er zählt, schaut sich um und weiß einfach überhaupt nicht mehr, *»wieviele SS sind das, viele oder wenige«*. Die Kolonnenspitze erreicht die Wegbiegung, wo es rechts zum Krematorium V geht, sie richtet sich nach links. Die Gefahr hat sich halbiert, nicht die Angst.

Noch fünfzig Meter zum Krematorium IV. Staszek versucht seine Gedanken noch einmal zu ordnen: Wie schon so oft marschieren sie nach dem Abendappell zur Sauna. Alles normal. Wie schon so oft, liegt der letzte Saunagang etwa fünf Wochen zurück. Alles normal. Die werden uns doch nicht nach Feierabend vergasen, argumentiert es in ihm. Aber – so meldet sich die Panik – in den letzten Monaten scheinen die Tag und Nacht zu arbeiten. Dann streut doch nochmal die Hoffnung ihre sanften Wörter auf den Weg: Keine Hunde! Vielleicht ist es doch wenig SS, die sie begleitet! Unmittelbar folgt ein greller Blitz: Und wenn alles nur ein Trick ist? Staszek wird unerträglich heiß. Alles normal – und die jagen uns völlig überraschend ins Gas!

Nein, diesmal nicht! Die Kolonne marschiert am Krematorium IV vorbei und durch das Tor, hinter dem rechter Hand die Sauna liegt, und erst da hört die Angst auf.

Im Sommer 1996 ermuntert Staszek seine Begleiterinnen und Begleiter auf jenem Weg, *»gehen wir heute zur Sauna und baden wir ohne Angst«* – niemand außer ihm dachte an Angst. Seine Einsamkeit zieht feine Linien zwischen ihre Seelen.

In der Sauna wird alles sein wie immer. Die Kleider werden entlaust. Duschen. Warten. Eine lange Nacht. Im Winter werden sie tags darauf abends im Block heizen, um die Kleidung zu trocknen, im Sommer legen sie sie in die Sonne. *»Das ist nur bei uns möglich, in Zimmerei, weil Kapo erlaubt das«*.

Morgens müssen sie denselben Weg zurück, wieder mit Angst? Staszek ist von dieser Frage genervt. *»Da steht doch schon große Postenkette!*[1]*«* Ja und? *»Da geht keine SS mit, ohne SS geht keiner zur Gaskammer. Wir alte Häftlinge wissen das. Da gehen* *wir ohne Angst.«* Ganz in Gedanken sagt Staszek als stünde ein Mithäftling neben ihm: *»Gehn wir schnell zurück, vielleicht bekommen wir noch Kaffee.«* Auschwitz ist.

[1] Die Große Postenkette ist die Wachkette des erweiterten Lagerbereiches am Tage, innerhalb derer die Arbeitskommandos tätig sind. Nach dem Abendappell und der Feststellung der Vollzähligkeit wird die Große Postenkette eingezogen und die kleine Postenkette übernimmt die Bewachung des kleineren unmittelbaren Schlafbereichs des Lagers.

Staszek stellt seinen Werkzeugkasten auf den Steinboden im Krematorium IV direkt neben die zu reparierende Holzkiste. Er und Mietek schätzen die Arbeit ab: einige Brettchen sind zu ersetzen, eine Kleinigkeit. Sie haben keinerlei Ambitionen, sich hier länger aufzuhalten als nötig. Um die defekten Bretter herauszuschlagen, öffnet Staszek den Kistendeckel. Jeden Laut vermeidend, verschließt seine Hand den Mund, Mieteks und seine Augen treffen sich. Mit dem unverfänglichsten Ton, über den er im Moment verfügen kann, sagt er in den Raum, *»ach, da ist ja noch was drinne«*.
Er zählt für seine Zuhörerinnen und Zuhörer auf: *»Zähne, Ringe von der Hand, Kette, Zähne mit Knochen von Kiefer, nicht viel, ein paar Stück«*. Mietek und Staszek verrichten flott ihre Arbeit, melden sich beim SS-Mann, um wieder gehen zu können. *»Aber der erlaubt das nicht, sollen wir auf den Moll warten, war das der Chef von Krematorium.«*
Ihr Schreck vergrößert sich, als *»auch die von Sonderkommando sagen, es ist besser, wir verschwinden von hier«*. Das ist unmöglich. Ein kurzes, scheues Gespräch kommt auf. Sie erkundigen sich bei den Häftlingen des Arbeitskommandos im Krematorium, wie sie den Toten die Zähne ausbrechen. *»Mit einem Kuhfuß, sagen die. Das ist ein Stück Eisen. Knochen, Fleisch und Schmuck wird dann in irgendwas gelegt, dann bleibt nur noch Gold.«* Sie können einen Blick auf die Verbrennungsöfen werfen – für Staszek ist es das einzige Mal, daß er sich in Birkenau in einem arbeitenden Krematorium aufhält. *»Da darf nur Sonderkommando hin. Wir wissen, was dort gemacht wird,*

wir sehen, wie Tausende dort in der Reihe stehen, wir sehen das Feuer aus Schornstein, Rauch, Gestank. Die Zugänge«, gemeint sind neu ankommende Häftlinge, *»kotzen wie die Katzen. Wir Alte sind schon gewöhnt. Für mich heißt das immer: Was wird uns passieren? Wann kommen wir hierher? Wenn man so riecht, fühlt man, daß Menschen brennen.«*
Als sie ihrem Kapo von ihrer Arbeit im Krematorium IV berichten, fordert er sie eindringlich auf, alles für sich zu behalten, *»sagt der, habt Ihr Glück gehabt, daß der Moll euch nicht behalten hat«*.
Hat Staszek goldene Zähne? Er lacht wie einer, der sich freut, mit allen Wassern gewaschen zu sein. *»Nicht ein Gramm, weil da lebe ich nicht lange, sieht der Kapo und will der haben«*, er spielt damit auf Morde durch Funktionshäftlinge an, die sich nicht nur die Brotrationen, sondern auch das Zahngold der Getöteten aneignen. Staszeks Metallzahnersatz wurde doch erst nach 1945 eingesetzt! Der Einwand verfehlt ihn völlig, er geht nicht darauf ein. Fünfzig Mal 365 Tage und die veränderte Situation ignorierend sagt er, *»habe ich Silber, ist auch gefährlich«*.
Wann und wie sich das Wissen über Vergasungen im Lager verbreitet, kann Staszek nicht mehr nachvollziehen. Der Tod heftet sich vom ersten Tag an sie, dazu öffentliche und versteckte Hinrichtungen, die Toten von Block 11, die Morde im Krankenbau, verschwundene Freunde, *»wenn ich komme in Bunker im Frühling zweiundvierzig, weiß ich schon von Gas. Wenn ich aus Bunker komme, ist großes Geschrei um Kanada«* und seine geraubten Schätze der endlosen Transporte. Auf dem Weg zur Arbeit, schon in Birkenau, zertreten sie hin und wieder

zerrissene Dollarnoten, *»Geld von Juden«*. Eines Tages repariert die Zimmerei die 'Jüdische Rampe', die etwa einen Kilometer vor dem Birkenauer Tor liegt und als solche für Besucherinnen und Besucher nicht mehr zu erkennen ist. Sie war bis Mai 1944 der Ankunftsort für alle Transporte, *»da war so schräge Rampe von Holz«*. Während der Reparaturarbeiten kriecht Staszek im Wissen um weggeworfenen Schmuck unter den Holzsteg und findet ein paar Ringe, ein paar Ketten. Hatte er keine Skrupel, das Eigentum der todgeweihten Jüdinnen und Juden an sich zu nehmen? *»Heute ist das schwer zum verstehen. Damals wissen wir, die werden tot sein, wenn wir nicht nehmen, nimmt SS und ist besser wir. So denken vielleicht die Juden damals auch.«*
Mit dem großen planvollen Tod, vor allem dem großen jüdischen Tod, kehrt der große geplante und ungeplante Raub in Auschwitz ein. Weil bei dem großen Tod die Trauer nicht mehr mitkommen will, verbleibt das Weinen den Vögeln, den Fischen, den Blumen und Steinen. Weil niemand die Trauer streicheln will, reißt sie verzweifelte blutlose Löcher in die Leiber der Lebenden. Als die Vögel wieder lachen, werden die Überlebenden ihre Tage und Nächte damit verbringen, diese Löcher mit allem, was greifbar scheint, zu bedecken. Wenig tröstlich bleibt: auch wer von Auschwitz nichts wissen will, lebt mit Auschwitz. Auch wer von Auschwitz nichts wissen kann, lebt mit Auschwitz, die Erkenntnisse von Auschwitz sind gnadenlos.
»Wenn man in Auschwitz überleben will, muß man Freund sein mit Tod«, sagt Staszek, *»weil Angst verbindet Hände und kann man nichts mehr machen«*. Er rückt in seinem Sessel etwas beiseite und lockt mit sanftem Klopfen den Tod auf das Plätzchen

neben sich. »*Na gut, sitzt du*«, fragt er freundlich. »*Wenn ich den will verjagen, das kostet Kraft. Da sitzt der besser bei mir und wartet und ich esse und arbeite und ich lebe neben dem, zusammen mit dem. Der macht seine Sache, warten, ich mache meine Sache, leben. Schaut der auf mich und schaue ich auf den. Der Leszek liegt, der Matys liegt, der Tadek ist umgefallen und ich bleibe. Der Tadek hat einen Unfall dort bei Wäscherei, zwischen Block eins und Block zwei. Ist der gefallen mit Balken, aus Dach.*« Die Satzbrocken hocken bleiern herum. Staszek sucht im Wörterbuch endlos, bis er das Wort 'Dachsparre' und 'Gleichgewicht' findet und zeichnet minutiös einen Unfallhergang auf. »*Das war guter, der Tadek Maszlak.*«

Diese ständig Todesangst, Todeserwartung, dieser Auschwitzer Tod, hat der ihn nach dem Krieg, nach dem KZ wieder verlassen? »*Nein*«, sagt Staszek in einem bescheidenen und ruhigen Ton, in demütiger und aufrechter Körperhaltung zugleich, »*nein, ist der nicht weggegangen, ist der bei mir geblieben*«.

Doppelt

Die Erinnerung hat nur einige Fragmente zurückgelassen: Die Holzbaracke steht irgendwo im Landwirtschaftsbereich in unmittelbarer Nähe des Aufnahmegebäudes, ein Stall ohne Tiere, zwanzig Schritte lang, zehn breit, der einzige Raum dient nur einer einzigen Nutzung. *»Bis zum Schienbein«*, Staszek zeigt zwanzig Zentimeter vom Boden, *»liegen da verschiedene Banknoten, von vorne bis hinten«*. Er und ein weiterer Zimmereihäftling müssen Dach und Wände abdichten. Weil vor allem der Dieb die Diebe fürchtet, befiehlt der begleitende SS-Mann, bei Arbeitsbeginn die Häftlingskleider gegen Blaumänner und nach der Arbeit die Blaumänner mit ihrer Häftlingskleidung zu tauschen. Dagegen wehren sie sich, *»das ist Zivilkleider, sieht das ein andere SS und schießt der. Auf der Flucht erschossen, da kriegt der ein, zwei Tage Urlaub noch dazu«*, Staszeks Angst eilt an diesem Sachverhalt unvermittelt durch die Lagerzeit, *»später gibt es dafür nur noch Zigaretten«*. Man besorgt für sie, manchmal verblüfft die Kulanz im Kontext Auschwitz, Häftlingskleidung zum Wechseln und sperrt sie zum Arbeiten mit dem Geld zusammen. Ungläubig durchwaten sie die Geldflut, *»viele Zloty, viel ungarisches Geld, wenig deutsche Mark und amerikanische Dollars, das ist schon aussortiert«*. Das Vermögen stammt aus Kanada, nimmt Staszek an, *»aus erste Kanada, das war auf andere Seite von Straße vor Museum«*. Abends beraten sie sich ob des Fundes mit ihrem Oberkapo, der zur Suche nach deutscher und amerikanischer Währung rät. *»In der Zeit können wir schon in Kantine für Häftlinge nicht mehr für Geld, nur für Prämienscheine Suppe,*

Zigaretten oder Briefmarken kaufen. Aber unser Oberkapo hat Verbindung zu welche, die kann das Geld ausgeben.« Wie kommt dieses Geld aus dieser Diebesgutbaracke trotz Leibesvisitation und Kleiderwechsels in die Zimmerei? *»Haben wir Werkzeugkasten mit doppelte Boden, haben wir in Zimmerei gebaut.«*

Die wechselnden Kapos der Zimmerei sind in die illegalen Aktivitäten ihres Kommandos nicht nur eingeweiht, sondern manchmal sogar Ideen- und Impulsgeber. In die Hinterachse seines Pferdewagens höhlt Staszek unter Mithilfe versierter Zimmerleute eine kleine Öffnung, jederzeit ohne viel Aufhebens mit einem Brettchen verschließbar. Darin transportiert er Briefe, Medikamente, Zigaretten, kleine Wichtigkeiten an den Kontrollen vorbei ins Lager. Zwischen den zweifachen Böden des Werkzeugkastens und der Karboloneumkanne, bei letzterer half die Schmiede mit Schweißarbeiten aus, wandern ungesehene Botschaften, Geld, Schmuck, *»auch Stück Wurst oder was für Kapo«*, unter den aufmerksamen Augen der SS durch das Lager. *»Das war solche dreckige Kanne mit Bürste, die keiner anfassen will«*, Staszek erzählt so übermütig, als säße er selbst als Stück Wurst kichernd in diesem Versteck, das mit herausgestreckter Zunge den SS-Stiefeln eine lange Nase zieht. *»Steht der in Stillgestanden vor der Blockführerstube«*, einem heftigen Angstort in Auschwitz, *»stellt der die Kanne ab und meldet sich und schreit der SS, hau ab mit dem dreckigen Ding, dem Gestank«*, prustet Staszek. Für größere Geheimaktionen ist ein Rollwagen der Zimmerei, ein obligates Transportmittel für Werkzeuge und Arbeitsmaterialien, mit einem doppelten Boden ausgerüstet. Ein herausziehbares breites Brett legt bei Bedarf auf der gesamten

Länge des Wagens einen beachtlichen Hohlraum frei.
Es muß gegenüber von BIId, in 'Mexiko', die dritte oder vierte Baracke gewesen sein, an deren Kopfende über die ganze Breite ein verborgener Raum abgeteilt ist, zu betreten durch eine sorglich bearbeitete Drehtür, seine Unauffälligkeit ein Häftlingsmeisterstück. Mit Ofen, Tisch und Stühlen ausgestattet, ist der Raum Küche und Aufenthaltsraum für Zimmereihäftlinge, *»zum Ausruhen, zum Aufwärmen, zum Kochen für organisierte Haferflocken und so weiter«*. Vielleicht dreißig Männer des Kommandos teilen das Geheimnis. Staszek erläutert, welche Tücken selbst die Auschwitzer Wahrheiten über faßbare Tatsachen bergen: Von fünfhundert Zimmereileuten weiß nur eine kleine Minderheit um diesen Raum. Befragte jemand seinen Freund Bogdan, *»sagt der nein, solchen Raum hat es nicht gegeben, weil weiß der nicht. Muß man viel reden und denken, wenn man will bis Wahrheit kommen.«* Die Frage nach dem Wer für Idee, Plan und Umsetzung des versteckten Raumes versinkt in einem ungenauen *»wir von Zimmerei«*. Wäre Mexiko jemals fertiggebaut worden, hätten eine oder zwei Baracken gefehlt, Staszeks Erzählung darüber erstickt in einem Lachanfall. *»Solchen Witz machen wir oft, weil verbauen wir das Holz illegal für Verschläge, für Regale, für Schränke, für Roste ... auch für SS und die fragen selbst nicht, von wo kommt das Holz.«* Die Geschichte des verborgenen Raumes trägt Staszek wiederholt vor, verfranst sich in technische Einzelheiten, überlegt, wo sie die kontingentierten Nägel einsparen konnten, versucht sie noch einmal zu zählen .... Die immense Bedeutung ist offensichtlich, *»weil können wir vor Nase von SS so was machen, zwei Jahre haben wir dieses Zimmer, und SS findet nicht«*.

Lieder

Sobald sich Staszek in Birkenau vom Tor in Richtung Kommandanturgebäudes bewegt, unabhängig davon, ob dies zu Fuß oder im Auto, unabhängig davon, ob dies auf der öffentlichen Straße vor dem Lagerzaun oder drinnen auf dem parallel verlaufenden Weg von BIIa passiert, singt er das Lied 'Przy piechocie faino jest' und erzählt dann die dazugehörige Geschichte, die Beteuerung, man kenne sie bereits, stoppt ihn nicht.
Eine Gruppe Zimmerleute marschiert just in die Richtung, die diese Erzählung auslöst, *»kommen wir von Frauenlager von Arbeit, alles Polen, und singen wir 'Bei der Infanterie ist es schön', auf Polnisch. War solche Zeit, war erlaubt, daß alle singen in ihre Sprache«*. Diesem Militärlied mit nationalem Unterton gilt die Erlaubnis sicher nicht. Der Rapportführer des Quarantänelagers, der Name ist Staszek entschwunden, *»aber wenn ehemaliger Häftling das hier liest, weiß der sofort, daß der nicht Guter war«*, zu Friedenszeiten polnischer Kavallerist, nun eifernder Konvertit, stellt sich ihnen in den Weg. Was sie denn gesungen hätten, will er wissen, *»die erlaubte Blaue Dragoner kriegt er zur Antwort. Ich gebe euch die blauen Dragoner, schreit der, ich gebe euch Polnisch, hinlegen, aufstehen, marsch, marsch und jagt der uns mit schwere Werkzeug in Dreck auf und nieder und zurück und vor. Da hat der Lied gekennt und Melodie auch«*. Die Dauer dieser Quälerei ist Staszeks Kopf entfallen, die Gefühle, das sehr viel präzisere Gedächtnis, sind geblieben.
Jemand öffnet die Autotür und fordert Staszek auf, 'hier kannst du deine Jacke hinlegen' – *»hinlegen – aufstehen, marsch, marsch«*, ist dessen Reaktion, meist folgt den Worten auch die

Tat: mit weitausholenden Schritten und gegenläufigen Armbewegungen umrundet er den Wagen.
»Singen wir viel in Auschwitz«, erzählt er dann, *»am besten singen die Häftlinge von Truppenwirtschaftsmagazin. Werden die von Schupo bewacht und lernen die drinne, und die von Fleischerei, ah, die hat Kräfte, da kann die singen. Sind das Ausfresserkommando, die machen ihren Knopf auf, die anderen, die draußen arbeiten, die frieren und knöpfen sich zu.«* 'Herausgefressene Sau' oder ähnliches ist ein Schimpfwort von SS-Leuten, mit dem sie gleichermaßen die wenigen gut genährten als auch die mehrheitlich bis auf die Knochen heruntergehungerten Häftlinge beleidigen.
Die schönsten Lieder allerdings, *»so meine ich, sind die von Russen«*, sagt Staszek. Er ahmt leise den vorsingenden Tenor und laut den folgenden Chor nach. Dann singt er alle Liedfetzen, die ihm im Kopf sind, 'schwarzbraun ist die Haselnuß', 'im Wald, im grünen Walde, da steht ein Försterhaus, da schaut an jedem Morgen, so frisch und ohne Sorgen, des Försters Töchterchen heraus' oder 'Lola, liebe Lola, laß das Weinen'. *»Jedes Lied wird schlecht auf Marsch«*, bemängelt er und singt alles wie zum Beweis nochmal im Marschtempo, skandiert zwischendrin immer wieder die Naziparole 'Al-le-Rä-der-dre-hen-für-den-Sieg', begleitet von stampfenden Bewegungen.
Irgendwann sagt ein Parkwächter am Museum in das Autofenster 'cztery Zloty, prosze' und wiederholt auf deutsch, 'vier' und Staszek setzt ohne Verzögerung nach, *»drei, vier, ein Lied«* und singt lauthals beim Verlassen des Lagergeländes *»In der Heimat, in der Heimat, da gibt's ein Wiedersehen«*. Dabei schwenkt er vergnügt seine Mütze im Takt.

»Gibt auch Zeit, wo ist verboten, in seine Sprache singen«, Staszek ist sicher, daran seien die Russen schuld, *»weil singen die so schön, so laut Moskwa moja, von ihrem schönen Moskau, wenn die Deutsche verlieren vor Moskau«*. Er erzählt, daß der Sänger Dombrowski erschossen wird, weil er in seiner Muttersprache, Polnisch, singt. Er erinnert sich an einen Mithäftling, der ihnen manchmal das Ave Maria vorträgt, dessen tausendmal tausendjährige Schönheit flüchtig einen goldenen Mond an den Auschwitzer Himmel zaubert, *»manche sitzen und weinen, singt der so schön mit seine Stimme«*, das Wort *»leise«* muß hier unbedingt auch noch geschrieben stehen. Bei einem Konzert der Lagerkapelle, wird ein Trompetensolo durch die Krakauer Hejnal ersetzt und für ein paar Takte stolz die Welt angehalten. *»Da war Kapos, SS und der spielt unsere Hejnal aus Krakow. Da schauen wir auf uns, die Polen.«* Die Legende erzählt von dem tapferen Krakauer Wächter gegen die Tataren auf dem Turm der Marienkirche, der während seiner Warnfanfare von einem Pfeil getroffen wird – Pole bis in den Tod.

Ein Mithäftling spricht ihnen eine Zeit lang Abend für Abend in Fortsetzung einen Roman vor, *»kommt der und fragt, wo haben wir gestern beendet und liest der aus Kopf dickes Buch. Wenn der fragt, schlaft ihr schon, antwortet einer in Stube, noch ein bißchen, noch ein bißchen«*.

An manchen Winterabenden deklamieren verschiedene Häftlinge Gedichte, deutsche und polnische, im eigenen Block und auf Einladung auch in anderen, *»da sitzen alle ruhig und hören wir nur zu«* und lassen die Poesie Wunden heilen. Welche Sehnsüchte einzelne SS-Leute in solche Häftlingsrunden treiben, mag unklar bleiben, *»aber sitzen die mit uns wie Mäuschen«*.

Staszek trägt von Kornel Ujejski vor wechselnder eingesperrter Zuhörerschaft das Heldengedicht von Marathon vor, in dem es um den Sieg gegen eine unüberwindlich scheinende Macht geht. Sein Lehrer Usarek aus seinem Warschauer Gymnasium, auch Häftling in Auschwitz, fordert ihn dazu auf. *»Wenn war wenig Zeit, habe ich nur Rede von Miliciades vorgetragen, der spricht zu Verräter, kann man sagen, soll die nicht ihr Land vergessen.«* Hintergrund für den gewagten nationalen Einsatz ist der bröckelnde Zusammenhalt der Polen im Lager, als die Nazis dazu übergehen, auch ihnen Funktionen und Posten mit ihren erhofften zusätzlichen Rationen zu übertragen. Letzteres erzählt Staszek mit gereiztem Unterton – und auch erst Jahre, nachdem er zum erstenmal von diesen 'Marathon'-Rezitationen sprach.

Gegenüber auf Block 4 selektiert Zenkteller, der gefürchtete Häftlingsarzt, mit seinem kalten Zeigefinger, 'und du und du und du' – ob mit oder ohne SS-Befehl ist Staszek unbekannt. Gleich wird er mit wenigen Schritten in Block 5 beim Zimmereikommando erscheinen und Appellreihen in Sein oder Nichtsein zerteilen. Eilig greifen ein paar den schmächtigen Janek aus der Reihe, dem nur noch Haut und Knochen eine Neige Leben sind, klopfen ihm eine Mulde in einen Strohsack, ganz oben auf den Pritschen und da, wo das Licht am leisesten ist, legen ihn hinein und *»bedecken den mit Decke so glatt, daß man sieht den nicht. Zählt der Zenkteller nicht und findet den nicht.«* Staszek stellt sich auf seinen alten Appellplatz zwischen die Blöcke und schreit alle deutschen Befehle herunter, *»sitzen die fest in meine Kopf«*, lacht er.
Wurde oft selektiert? *»In Birkenau das war öfter«*, sagt Staszek schwer schnaufend, *»meistens Juden haben die ausgesucht, ab dreiundvierzig nur noch Juden«*. Als Läufer war er einige Male verstohlener Zeuge von Selektionen unter Juden auf der Birkenauer Rampe, *»ich sehe das nicht, muß Kopf runter sein, aber ich höre 'die Elektriker raustreten', zwanzig war das vielleicht von ganze Transport, die bekommen Nummer und gehen ins Lager. Der Rest geht ohne Registrierung zu Gaskammer. Hier ist die große Tragödie für die Menschen. Hier werden die Kinder von der Mutter getrennt.«* Staszek malt einen Lastwagen mit Sitzgelegenheiten und einer angelehnten Treppe zur Ladefläche auf ein Blatt Papier. *»Wenn Judenrat aus Lodz ankommt, wird so gemacht.«* Auf diesen Sesseln oder Bänken sitzend werden

jene Männer im Schritttempo zur Gaskammer gefahren. Was sind die Motive für so eine absurde Aktion? »*Will SS freundlich sein zu Juden, will die Geld, Gold von die bekommen, privat, persönlich.*«

Mit der Restaurierung der Rampe in Birkenau ist Staszek vollends unzufrieden. Das weltberühmte Bild von dem Gleisbogen durch das todbringende Tor zeigt nicht, daß diese Rampe nur etwa ein halbes Jahr in Betrieb war und verstellt den Blick auf die erste Rampe, »*die nennen wir Judenrampe*«, die über Jahre von den Nazis benutzt wurde[1]. Mit verächtlichem Gesicht und ebensolcher Handbewegung überquert Staszek schnellen Schritts die Rampe, »*ist die zu gelb, das paßt nicht, muß grau sein, Kies, kleine Steinchen*«.

Plötzlich ist Hundegebell zu hören, ein Streuner hetzt einen Hasen durchs Frauenlager und über die Rampe. Staszek legt auf den Hasen an, »*wenn ich arbeite in Museum, schieße ich hier einen ab, hat mir Irka Pastete gemacht, gute*«.

Staszek erinnert sich an die zählbaren jüdischen Zimmereihäftlinge, einen französischen Tischler, eine Hand voll Polen und Russen und besonders an den Griechen Tschako, der sich nach Feierabend mit sehnsüchtigen Liedern in seine Heimat singt. Staszek sucht singend nach Tschakos Melodien, findet aber nur noch ein hohes klagendes 'Mama'.

Waren die jüdischen Häftlinge akzeptiert und integriert? »*Bei uns in Zimmerei war da nicht so ein Haß. Für mich ist Grenze nicht zwischen Nationalität oder Religion oder Haut, die ist zwischen Mensch und Schwein, auch bei Häftlinge – und bei Funktionäre auch. Kann ich nicht sagen, alle hat so gedacht wie ich, aber die, welche hat neben mir gearbeitet*«, und nach einer kleinen Denkpause noch, *»meistens«*. Allerdings, so will er richtigstellen, in der allgemeinen Lagerhierarchie stehen Juden ganz unten, *»das kommt wegen Vergasen«*. Die Länge der Lebenserwartung als Wertmaßstab, der Gedanke flattert haltlos herum, bis er ankommt. Jemand malt einen Kegel auf einen Zettel, trägt unten 'Juden' und oben 'Deutsche' ein. Wie verteilt sich das Feld dazwischen? Staszek nimmt den Stift, zeichnet wortlos eine neue Pyramide, wie jemand, der nochmal von vorne anfängt um es richtig zu machen, und schreibt mit seiner klaren, geschwungenen Schrift ganz oben in die Spitze fein säuberlich 'Juden', darunter Zigeuner, Russen, Polen, andere Osteuropäer, der niedrigste Wert bleibt den deutschen Häftlingen. Die frühere Lagerhierarchie steht Kopf – jetzt gilt für Staszek eine Opferhierarchie. *»Will ich nicht, daß Juden nicht wissen, daß in Auschwitz so viele Polen sind gestorben.«*

»Mit die Deutsche ist ganz eigene Geschichte. Paßt auf die Deutschen auf, egal ob SS oder Häftling«, so warnt sie ihr deutscher Oberkapo Reinhold Aurich, *»die helft immer zusammen gegen die Polen«*. Vorsicht dominiert Staszeks Kontakte zu deutschen Mithäftlingen durch alle Lagerjahre, *»muß ich immer langsam schauen, was für Mensch der ist.«* Dann folgt eine Aufzählung von deutschen Namen und dazugehörigen Erinnerungsfetzen, *»war Schläger«* oder *»hat der alle geholfen«* oder *»hat der gut zwischen uns gelebt und so weiter. Wie der Franz, war der Platzmeister von Zimmerei, muß der Holz zählen, wenn der bekommt und ausgibt. Aber kann der nicht schreiben und rechnen. Malt der nur solche Zeichen auf Papier und helft dem ein Pole.«* Ein jüdischer Kapo fällt ihm ein, *»war der nicht guter«* und auch Schläger mit roten Winkeln und Freunde mit

grünem Winkel[2]. Die Frage nach dem breit belegten polnischen Antisemitismus liegt Staszek quer; er möchte nicht ‘ja’, kann aber auch nicht ‘nein’ sagen. *»Für mich, die Kinder, die Frauen von ‘Mexiko’, die Trennung auf Rampe...«*, setzt er an und schiebt den halben Satz mit seinen ganzen Bildern nur schwer zur Seite und fegt ihn dann schließlich mit einer kräftigen Hand über den Horizont.

Als Staszek im Museum arbeitet, hält er Wache gegen die ‘Friedhofshyänen’, die die Massengräber nach Gold aufwühlen, *»müssen die tief graben, weil Gold ist schwer und ist die unten, stinken die selber wie die Gräber«*. In jener Zeit sitzt er manchmal in einer Krematoriumsruine unter einem Mauervorsprung um sich gegen Regen zu schützen. Nein, der Ort ist ihm eher vertraut denn unheimlich, *»fühle ich gut zwischen die tote Juden, habe ich keine Angst«*. An einem feuchten unbeschwerten Frühlingsmorgen des Jahres 1996 sagt Staszek in seinem Garten in Zgorzelec, *»wenn Nebel fliegt, sind die Leichen da, die von Juden«*. Die Birkenauer Nebel von damals, das waren die Juden, vor allem.

[1] Allerdings kam auf der Birkenauer Rampe in diesem halben Jahr in etwa die Hälfte aller in Auschwitz eingelieferten Menschen an.

[2] Mit roten Winkeln auf der Jacke wurden die politischen, mit grünen die kriminellen Häftlinge gekennzeichnet. Die SS hielt sich bei der Vergabe nicht unbedingt an ihre eigenen Vorgaben.

Auf dem Weg durch das Birkenauer Quarantänelager murmelt Staszek vor sich hin – zu verstehen ist nur der leise mitschwingende Zynismus. Was flüstert er für sich? Er wiederholt es laut auf Polnisch und übersetzt: *»Liebe Jungen, helft mir, tragt mich ein bißchen, ich kann nicht mehr, ich will doch noch weiterleben.«* Ungefähr so jammert dieser Franek, der spätere gefürchtete Blockälteste, bei einem mörderischen Appell im Oktober 1940. *»Lebt der heute noch und hat der gesessen in Gefängnis. Hat der Urteil wegen Mord.«* Zwei Jugendliche erbarmen sich damals ihres Mithäftlings aus dem ersten Warschauer Transport und schleppen ihn, vor einem Sturz wahrend, ins Leben. *»Wer fällt, wird kaputt getreten oder erschlagen. Aber wissen wir, daß der wird so ein Hund?«* Bar jeden Zweifels, auch nach einem halben Jahrhundert, sagt Staszek: *»Lassen wir den besser in Dreck liegen.«* Staszek deutet auf einen Block und den gegenüberliegenden Lagerzaun, *»da war der Franek Blockältester, hat der Spaß gemacht mit Häftlinge in Zaun jagen, werden die vorher vom Turm erschossen oder tot durch Strom«*. 'Muselmänner', so ist Staszeks Meinung, haben keine Kraft mehr, *»sind die Tote, die gehen«* – diejenigen, *»die auf Zaun gehen«*, gemeint sind die zahlreichen Selbstmörder, die ihren Tod durch elektrischen Strom suchen, *»haben die viel Kraft und Mut – weiß man nicht, wer braucht mehr Kraft, der lebt oder der tötet sich«*.

Schon kurze Erfahrungen mit deutschen Funktionshäftlingen lassen die Polen nach Auswegen suchen, *»wird besser sein, wenn Leute von uns geht auf Funktion, trotzdem wir wissen, da* *ist man Administration, eine Hand zum Schlagen. Polen in Funktion das ist möglich meistens dort, wo SS braucht Fachleute«*. Mit steigenden Häftlingszahlen und damit verbundenem sinkenden Anteil an deutschen Gefangenen und wachsendem Bedarf an qualifizierten Kräften arbeiten nach und nach polnische Häftlinge als medizinisches Personal im Krankenbau, als Veterinäre in der Landwirtschaft und vor allem als Ingenieure in den Handwerkskommandos, *»oft sagen die nichts von ihre Beruf, da können die getötet werden, weil bringen die Nazis hauptsächlich polnische Intellektuelle um«*.

Diese Häftlinge steigen im Laufe der Zeit in der Lagerhierarchie auf. Erfüllen sich die Erwartungen, sind polnische Kapos besser als deutsche? *»Viele ist gute Leute, mit Sprache ist kein Problem, ist manchmal Hilfe möglich«*, sagt Staszek und zeichnet dann das Bild der möglichen Variationen. *»Der Jozek war Kapo und der Stefan war Kapo. Der Stefan schlagt für zwei Zigaretten tot, nicht nur einen. Der Jozek bekommt Schläge für uns, weil der sagt, sollen wir nicht Mützen ab vor Posten, aber bei der Arbeit, damit ist leichter. Franisek, Stubenältester, schlagt mich, weil SS auf den drückt, will der von Funktion weg, weil haltet der nicht aus.«* Jozek Sikora wird von seiner Zimmereigruppe genötigt, ihr Kapo zu bleiben, *»weil wenn der nicht macht, schicken die Deutschen einen Schläger«*. Nach Kriegsende kehrt Jozek Sikora nicht nach Polen zurück, *»hat der Angst, weil der war Kapo, fühlt der nicht gut zwischen ehemalige Häftlinge. Hat der Angst, einer kennt den nicht und schlagt den tot«*.

»Der Körper will essen und Hunger macht schrecklich mit Menschen«, Staszeks Erbitterung zerstückelt die Luft. Unter Repression und Hunger werden Opfer zu Tätern einer wahnsinnigen

Normalität. *»Ist nicht so schlecht, wenn der aus sich macht Schwein, weil der alles frißt, was der sieht. Aber ist der schlecht, wenn der Schwein wird und andere tötet, darum er selber lebt.«*
Staszek erzählt von einem durchaus gängigen Deal zwischen Blockältestem und Kapo, die sich mit der Formel *»wieviele bringst du«* über die zu erwartenden Zusatzrationen verständigen. Das funktioniert so: Da sich die Verpflegung nach der morgendlichen Häftlingszahl bemißt, *»da bringt der vielleicht abends zehn Leichen mit zurück«*. Deren Brot verbleibt den beteiligten Blockältesten und Kapos? *»Ist nicht ganz klar, kann so sein, muß aber nicht. Brot gibt der Blockälteste, weil der hat das, weil wer hat Brot, ist Herr.«*
Widerstand formiert sich nur selten und auch nur dort, wo noch Kraft dazu ist und wohl auch die entsprechenden Verbindungen, die Straffreiheit garantieren. Weil ein deutscher Kapo zwei Zimmereihäftlinge blutig schlägt, wird er unter Regie des polnischen Mithäftlings Jozek Papuga verprügelt, *»nimmt der sich einen starken Häftling mit, wenn der den Deutschen anfaßt, kommen Augen aus Kopf. Sagt die dem, soll der keinen Zimmermann anfassen und macht der nicht mehr«*. Wohl wissend von der schützenden Hand des deutschen Oberkapos Reinhold Aurich über Papuga.
Vor einem Bekannten Staszeks aus dem Jugendlichenblock wird irgendwann gewarnt, als er Blockältester in einem Zimmereiblock ist. Ein Gerücht aus dem Stammlager bezichtigt ihn der Zusammenarbeit mit der Gestapo, Staszek spricht ihn darauf an, *»sagt der paar schlechte Worte, ist das meine Sache und hau ab«*. Eine unsichtbare Organisation, die keine ist, *»sind Leute, die sich kennen«*, plant und tritt in Aktion: Für einen

Transport werden 999 Häftlinge entlaust, zum Abzählen auf der Rampe wird der inkriminierte Blockälteste zugezogen und im letzten Moment in den Waggon gestoßen. »*War der sauber und in gute Zustand, ist Kommandoführer von Transport zufrieden mit dem tausendsten Mann*«, singt vergnügt Staszeks Stimme, »*hat das der Mikusz gemacht, lebt der noch*«. Greift die SS gegen diese Häftlingsmacht nicht ein? »*Hat die selbst was gegen Spitzel, weil erzählen die auch gegen sie bei politische Abteilung. Weil SS viel Geschäfte mit Gold und sowas von Juden macht, sind die selber froh, wenn Spitzel sind weg.*« Staszek geht davon aus, daß sich die SS drei Viertel des jüdischen Schmuckes privatim angeeignet hat.

Die ungeheuerliche Dynamik der chaotisch wechselnden Beziehungsstrukturen hat für Staszek seine Faszination behalten. »*Lagerleben ist sehr reiches Leben*«, eine spürbare Welle leidenschaftlicher Vitalität schwemmt diesen Satz ins Licht.

Hat dieser Blockältester – den sie auf Transport schickten – überlebt? Die Rache seiner Mithäftlinge fürchtend, versteckt er sich nach Kriegsende. Sein Vater bittet Staszek, den Sohn zu entlasten, Staszek weigert sich. Auch wenn der Sohn vor ihm gesessen hätte, »*gebe ich dem solchen Brief nicht. War der bestimmt selbst im ehemaligen Lager, weil der sucht Gold, welches hat der früher vergraben. Und vielleicht sieht der mich da, wenn ich da arbeite. Schickt der seine Vater zu mir zum Fragen. Will der Gold und will der Brief.*«

Wer für die Nazis arbeitet, kann sich einer Schar von Freunden und Feinden sicher sein. Dennoch: »*Paßt auf den und den auf, da bleibt der langsam daneben. Der wird vielleicht besser haben mit SS und Essen und sowas und wird der viele schlechte*

Freunde haben. Aber wird der nicht leicht leben mit uns andere Häftlinge im Lager, wird der allein sein, wird keiner dem geben Hilfe.« Staszek zeichnet hier ein für ihn trostspendendes Bild von der Macht der 'normalen' über die privilegierten Häftlinge, die Kapos. Die Zeit hat das übermächtige Böse weggefressen, den übermächtigen Schmerz über die 'Feinde' und 'Überläufer' aus den eigenen Reihen.

Im ersten heißen Haß nach der Befreiung wird auch mit den eigenen Reihen abgerechnet, Besonnenheit und Gerechtigkeit sind dabei nur selten die gewünschten Ratgeber. *»Das Wort Kapo war schon schlecht. Jeder, der war Kapo, hat Angst. Hundert weiß, daß der war gut. Tausend weiß nur, daß der war Kapo. Manchmal kommt der gar nicht zum Frage, was für Kapo der war, da ist der schon tot.«* Je denkbarer das Ende der Nazis und der Anfang Polens werden, um so mehr sinkt das Interesse an Funktionen, *»das letzte Jahr will schon keiner mehr Kapo sein«*.

Bei den ehemaligen Häftlingen ist das Für und Wider von Funktionen ein ewiges Thema geworden – trotz traumatischer Enttäuschungen tendiert die Mehrheit zu einer letztlich positiven Bewertung, *»war gut, daß auch wir Polen waren in Funktion«*.

Den Besucherinnen und Besuchern präsentiert sich, vom Kommandanturgebäude Birkenau kommend, rechter Hand der Lagerstraße eine große Wiese, zugewuchert mit hochstehenden Gräsern und einigen Sträuchern, wie sie für übersäuerten Boden typisch sind. Eine Tafel weist auf den Bauabschnitt III hin, im Lagerjargon 'Mexiko' genannt. »*War immer Baustelle*«, erinnert sich Staszek, »*da wohnen die Leute, viele, viele Frauen, Zehntausende schon in Blöcken, noch ohne Dachpappe. Wenn es regnet, ist auch innen naß.*« Vor allem der Zustand, das Erscheinungsbild dieser Frauen sind für Staszek ein Schock geblieben. »*War ich jung. Da sind Frauen für mich schön und lieb. Aber hier, die sind gehalten wie Tiere.*« Die Frauen dieser sogenannten Ungarntransporte werden großteils weder registriert, noch der Lagerstärke zugezählt, was heißt, ihnen ist sogar das bißchen Lagerverpflegung verwehrt. »*Ohne Wasser, ohne Essen, aber zusammen mit Krätze, Flöhe, Läuse warten die nur auf Tod, ein paar Tage oder Wochen. Die sind ohne Kleider, ganz nackt. Vielleicht eine von hundert hat Hemd oder Fetzen oder Decke. Wir haben Kleider und Arbeit, die nicht. Ich denke, was muß ich morgen machen, die nicht.*«

Manchmal teilt das Zimmereikommando seine Essensration mit den Frauen. »*Papuga, der Jozek, Nummer 12049, der hat gefragt, ob wir für die Frauen was geben, wenn wir bei Kessel mit unserer Schüssel stehen. Wenn wir zehn Kessel bekommen, sind drei oder vier für die Frauen. Drei Kessel für Hunderte und Hunderte, für so viele und so mit Hunger. Was heißt das? Ist das zum verstehen? Ich weiß nicht, ob das zu verstehen ist. No, war wenig für viele. War wenig für Essen und wenig für Geben. Aber da ist auch noch anderer Kummer. Die haben keine Schüssel, kein Löffel. Da geben wir alles. Vor dem Posten haben wir auch Angst gehabt, wir wissen nicht, ob der erlaubt oder nicht, daß wir geben, für die, die noch leben. War der Posten gut, hat der erlaubt.«*

Staszeks Sprache zerrinnt zusehends, wird unverständlich. Ruckartig wendet er sich von der Hinweistafel ab und setzt sich in Bewegung. Wenn er alleine in Auschwitz ist oder nur mit einigen wenigen Freunden, zieht es ihn auf jene Wiese, die, als hier noch Baracken standen und Menschen lebten, 'Mexiko' hieß. *»Weiß nicht warum, ich muß da gehen.«* Später einmal sagt er: *»Ja, habe ich schlechtes Gewissen. Noch immer, früher ganz viel.«*

Auf dem Weg zum gegenüberliegenden Bauabschnitt überlegt er es sich anders, fuchtelt mit den Armen herum und kehrt doch nach 'Mexiko' zurück. Es scheint, als arbeiteten zwei Kräfte in ihm, eine, die ihn von dort wegschiebt, und eine, die ihn nach dort hinzieht. Er sucht nach den Fundamenten der Baracken, eine nach der anderen, umrundet sie, läuft gedachte Linien ab, seine Schritte messen den Boden. Das Warum ist völlig unklar. Er versucht sich zu orientieren, *»da war eine Straße – aber wo? Hier war alles mit Kies, warum ist jetzt Gras.«* Die Worte gelten ihm, bald redet er nur noch polnisch auf sich ein, später spricht er überhaupt nicht mehr, beantwortet auch keine Fragen. Er scheint ganz allein zu sein und durchquert gehetzt das riesige Areal. Dann bleibt er stehen: *»Da war Graben. Das Kommando Brunnenbohrer baut zwei Brunnen, ohne Befehl von SS, damit das Wasser reinläuft für die Frauen. Das war für trinken, für*

waschen, auch für Toilette. Ich frage die, weil da auf einmal Wasser ist, und sagen die das.« Der zugewachsene, zugeschüttete Graben ist plötzlich immens wichtig, *»hier ist unser Lager, dann muß hier der Graben sein. Werde ich bei Danuta Czech nachschauen oder auf Foto von Luft, das ist besser. Werde ich messen von meine Block aus und dann werden wir finden. Wenn die das zugegraben haben, wenn die das zugeschüttet haben, dann werde ich auch finden«*. Warum ist das so wichtig? *»Da war ein Graben für die Frauen, darum.«* Im Herbst 1996 findet Staszek ein Brunnenloch, um sich zu vergewissern, muß er einen schweren Betondeckel zur Seite hieven. Nichts hielte ihn davon ab. *»Ja, da ist Brunnen«*, jubelt er irgendwelchen Zweifeln entgegen. Die Freude hält nur kurz an, dann holt ihn die alte Last mit 'Mexiko' wieder ein.
Die Jahre davor kannte seine Suche noch ein anderes Ziel: Es muß irgendwo am oberen Ende des Geländes liegen. Staszek springt über Wasserläufe, umgeht kleine Tümpel, verschwindet in hohen Schilfgewächsen und läßt sich auch vom Waldrand am Ende des Geländes nicht aufhalten und findet ein Schlupfloch im Zaun. Gebückt durchstreift er das Unterholz. Er sucht jenes Rote Haus, wo die Vernichtungsaktion stattfand, die er vom Dach einer Baracke aus heimlich beobachtete. Staszek hebt Steine auf, rennt hierhin und dorthin, landet an grundwasservollen Fundamentgräben oder Massengräbern, umrundet sie, sucht neue Wege.
Die Suche läßt ihn auch zu Hause vorläufig nicht los: Auf allen Plänen, den Luftaufnahmen sucht er dieses Haus. Da er die Maße der Baracken kennt, könnte er sogar mit Hilfe eines Plans mit abgezählten Schritten den Weg dorthin finden. Bei jedem

späteren Treffen und sogar in Telefongesprächen sagt er immer wieder: *»Die Gaskammer neben Mexiko, die werden wir finden.«* Ohne Anlaß, ohne Zusammenhang.

Im Herbst 1996 rüstet sich Staszek mit maßstabgerechten Plänen Birkenaus aus. Vor Ort wird vermessen und herumgerechnet. Staszek regt sich zunehmend auf: Ein jahrzehntelanger Irrtum klärt sich. Die ganzen Jahre war ihm entgangen, daß nach 1945 ein Teil der Häuser des Dorfes Brzezinka auf dem Gelände von 'Mexiko' gebaut wurde. Die Brachwiese von heute ist nur ein Teil des damaligen Terrains, zwei Drittel vielleicht. Nach dieser Klärung ist es relativ einfach, ebenfalls mit Hilfe kleiner Berechnungen und des Kilometerzählers, den Standort des Roten Hauses auszumachen. Alles paßt, die gemessene Entfernung, ein Wasserlauf, benachbarte Fundamentgräben. Das Rote Haus muß auf dem Gelände des Bauernhauses, neben dem befestigten Weg liegen. Ein Vergleich aller verfügbaren Pläne bestätigt diese Lage. Fassungslos setzt sich die Erkenntnis nieder, daß irgendwo unter dieser Scheune, unter dem Misthaufen die Fundamente der ersten Gaskammer liegen. Staszek bebt vor Zorn, die Worte bleiben in ihm stecken. Kopfschüttelnd beobachtet er eine Entenmutter mit ihren Jungen, die in sauberer Reihe und unter freundlichem Gequake vom Bauernhaus auf die unbebaute Wiese von 'Mexiko' marschieren. Staszek befragt nun alle, die ihm qualifizierte Auskunft geben könnten, und findet letztlich die Bestätigung auch im Museum. *»Ist alte Besitzer gekommen nach fünfundvierzig und hat der sein Land zurückbekommen..«* Man bedauert den Fehler von damals und bemüht sich heute um den Rückkauf des Geländes.

Staszek betastet Stimme und Gesicht seines Gegenübers, bis er das richtige Bild dazu findet. Der 'Muselmann' vor ihm ist der ältere Bruder seines Freundes Zbikowski. Den genauen Ort dieser Begegnung im Lager und andere Details hat die Erinnerung verloren, nur die Sache ist geblieben. Just bis zu diesem Moment waren die Zbikowski-Brüder Teil von Staszeks stillen Träumen von der früheren und späteren Freiheit. Jetzt steht einer von ihnen im beklemmenden Heute, einem falschen Ort für ein fröhliches Wiedersehen. *»Auch der Jüngere ist im Lager, erzählt der gleich.«* Vor tausend Jahren wohnten sie im selben Haus, spielten dieselben Spiele auf derselben Straße und lernten dieselben Dinge in derselben Schule. Der größere Bruder aus der versunkenen Warschauer Kindheit ist jetzt ein hilfsbedürftiger Neuzugang. Bereitwillig teilt Staszek mit seinen Freunden sein einjähriges Wissen. *»War ich kein Kapo, nichts, aber habe ich schon Verbindung. Da geh' ich zu dem Otto Küsel, war der auch Häftling und teilt der ein zu verschiedene Kommando, und bitte ich den, daß der gibt dem bessere Arbeit, daß der hat bißchen Zeit zum stärker werden. Hat der bekommen bei Kartoffelschäler, drinne in Küche und kann der was organisieren.«* An der Straße der Legionen zwischen Lager und Altstadt von Oswiecim, deutet Staszek auf ein ummauertes Gelände, damals Lederfabrik, *»da hat der Zbikowski gearbeitet als Schneider. Sagt der einmal, soll ich tauschen meine Jacke mit seine. Da hat der den Rücken verstärkt mit drei Stoffe. Sehr gut, sehr warm.«* Staszek reiht polnische Vornamen vor sich auf, hängt jeweils ein Zbikowski hindendran, nimmt den Klang auf, um dann doch enttäuscht zu sagen, *»nein, paßt nicht«*. Später kramt er in den Listen der Auschwitz-Häftlinge, die aus dem Pawiak kamen, aber auch da findet er die gesuchten Vornamen nicht. Haben sie überlebt? *»Sind die nicht zurückgekommen nach Warszawa zu ihre Familie und haben die nicht in Museum gemeldet.«* Staszeks Stimme bleibt am Satzende so hoch als stünde die Antwort noch aus.

Wer sagt, er habe sich ausschließlich vom Lageressen ernährt, der lügt, ist Staszeks unumstößliche Wahrheit, dasselbe gilt für den, der sagt, er habe ohne Freunde überlebt. *»Da sage ich, kann der erzählen, welcher kennt nicht Lagerleben.«* Mit Matys, Leszek und Staszek, Nr. 311, übersteht er die allerersten Lagerwochen, sie schlafen in derselben Zimmerecke auf dem Jugendlichenblock, teilen flüsternd ihre ersten Schockerlebnisse. *»Anfang im Lager ist die schwerste Zeit. Wenn einer erzählt, war sehr schwer, frage ich den, ob der war vielleicht neu im Lager.«* Geschichten über Freundschaften im Lager handeln oftmals von handfester Hilfe. Geschichten über Freundschaften im Lager enden oftmals mit Trennungen. *»Matys, Nr. 71, arbeitet im SS-Führerheim, kann der dort essen. Suppe und Brot verteilt er einmal zu dem und einmal zu dem von uns.«* Als Staszek an der Dreschmaschine beschäftigt ist und für sich Getreide abzweigen kann, teilt auch er seine Lagerportion zwischen den Freunden auf. Matys stirbt bald an einer Hirnhautentzündung, *»haben wir Arzt gefragt, ist sehr schlecht mit dem Matys, hat der gleich gesagt«*. Leszek stirbt am Weihnachtsmorgen des Jahres 1940 am ausgehungert-gierigen Genuß seines ersten Päckchens – vor allem diesen Tod verwindet Staszek nicht. Staszek aus Bialas, Nr. 311, wird mit dem ersten Transport ins KZ

Mauthausen verlegt. Mietek verliert bei Dachstuhlarbeiten das Gleichgewicht und stürzt vor Staszeks Augen in den Tod. Beim Erzählen neigt er seinen Kopf nach hinten, seine Augen heften sich an ein Bild am Himmel, *»da geh' ich noch zum Krankenbau, weil will ich nicht glauben, daß der ist tot«*.

Staszek sortiert Namen und Häftlingsnummern zu Blöcken und Arbeitsstellen und Zeitabschnitten zusammen. Jede Freundschaft hat ihre überlebende Geschichte.

»Kazek, Nr. 113, vom Jugendlichenblock, lebt in England, habe ich den vor zwei Jahren in Cavendish getroffen. Wenn ich aus Bunker komme, will der für mich Bratkartoffel braten, vor Appell, weil kann lange dauern und bin ich schwach. Ein SS riecht das und kommt und fragt, was raucht hier in der Bude. Zeigen wir auf Kessel mit Wasser und sagen, wollen wir uns gleich waschen. Kommt der noch zweimal zurück, weil glaubt der nicht. Jedesmal stellt Kazek die Pfanne raus aus Fenster auf Holzstapel. Kann der tot sein für meine Bratkartoffel. Haben wir Glück, macht der SS nicht Finger in Wasser und weiß der nicht, daß ist kalt.«

Die Entlassung aus dem Bunker beschert Staszek reichlich Zuwendung und allerlei Geschenke. Verschiedene Zimmerleute organisieren ihm eine Zitrone, *»haben die von Kanada«*. Seitdem liebt er es, Tee mit Zitrone zu lieben. Ungeniert beißt er in die Scheiben und kaut sie wie einen Apfel. *»Ja, ja, von der Zeit ist mir geblieben zu essen Zitrone, hat mir so gut geschmeckt, habe ich sauer nicht geschmeckt, so gut war das.«* Ein anderer Häftling schenkt oder – *»wie ist das Wort wenn man darf nicht behalten?«* – borgt ihm nach der Bunkerentlassung ein Stück Seife und wieder ein anderer besorgt ihm für irgendwas einen

Bade-Berechtigungsschein für die Kapo-Duschen. Und noch ein anderer wäscht ihn unter dieser Dusche, weil er selber zu schwach dazu ist. *»Hier weiß ich auch, daß ich nur noch habe 39 Kilo, weil da steht Waage.«* Zum nackten Leben addiert sich wieder Zuversicht. *»Bleibe ich nicht alleine.«*
Wicek und Sikora teilen ihre Pakete mit ihm, Staszek verbessert sich und es ist ihm wichtig, daß es so geschrieben wird, *»nicht geteilt – haben wir zusammen gegessen«*. Mit Wicek tauscht er dessen Schafwollpullover gegen seine dünne Jacke, *»hat der gesagt, weil ich arbeite draußen und der in Werkstatt«*. Die dreifach gesteppte Jacke von Zbikowski und Wiceks Pullover leisten Staszek bei Verhören lebensrettende Dienste, *»sonst schlagen die mir vielleicht die Lunge ab, was ich auf dünne Hose bekomme ist sehr schlecht«*. Schorsch Neubauer oder Neugebauer versorgt ihn zeitweilig wöchentlich mit zwei, drei frisch gewaschenen Hemden aus der SS-Wäscherei, *»ohne daß ich dem sage, aus Freundschaft, aber gebe ich dem Brot oder sonstwas«*. Freundschaft, das sind auch Worte, das sind Trost und die Ermunterung zum Weiterleben. Freunde, das sind die, mit denen man über den Frontverlauf flüstert und heimlich verlorene deutsche Schlachten feiert und belacht, mit denen man über Flucht, über das Organisieren, über die Feuer von Birkenau und die Leichenberge und die Wartenden vor den Krematorien redet, mit denen man Witze über die SS macht, deren Blicke man in den allerschlimmsten Stunden der Not sucht, die man vor Spitzeln warnt, denen man einen Bleistift borgt oder einen Knopf schenkt, mit denen man die kleine Sabotage von morgen und die große Rache von übermorgen plant. *»Haben wir oft im Lager so gesagt, wenn du wirst tot sein, da vergesse ich dich nicht.*

Und bitte vergiß mich nicht, wenn ich werde vor dir tot sein.« In den wenigen Ecken, wo die Zuneigung noch hausen kann und darf, wird dem großen kalkulierten Haß von Auschwitz die improvisierte große und leise Liebe von Auschwitz entgegengesetzt. *»Wenn ich von Lager spreche, spreche ich für die, welche sind gestorben. Die Geschichte ist nicht um die Sache, Geschichte ist die um die Leute.«*

Freundschaft kann auch so sein, sagt Staszek: *»In Birkenau, da war der Bogdan und sein Vater. Bogdan raucht und von weit sieht das der Blockführer. Kommt der und fragt, wer von euch raucht hier. Wir rauchen nicht, keiner, so haben wir geredet. Da sagt der schlagen oder Meldung. Sagen wir schlagen, fünfundzwanzig . Ich habe zwanzig bekommen, weil ich die kleinste Nummer habe. Papuga hat bekommen fünfzehn, und die beiden, welche geraucht haben, zehne«*, Staszek schüttet sein Lachen über diesen Satz. *»Sollen wir sagen, wer raucht? Dafür geht der vielleicht in Strafkompanie.«* Bogdans Vater bedankt sich immer wieder, noch lange nach Kriegsende, für Staszeks Schweigen, *»denkt der, daß Bogdan ist darum am Leben geblieben«*.

Wenn sich Staszek und Bogdan sehen, herrscht sichtlich eitel Freude auf beiden Seiten. Langfristige Anmeldungen, Gastgeschenke und sonstige Höflichkeiten sind eher Zugeständnisse an die Ehefrauen; für sie selbst wahrscheinlich nichts weiter als lächerlicher Firlefanz, gemessen an dem, was man gemeinsam im Lager erlebt hat. Eine Jugend kehrt in ihre Gesichter und Bewegungen ein, es wird gefeiert, daß es den anderen gibt. Zärtlich und entspannt sitzen sie beieinander, bald hört man den Satzfetzen, »u nas w Oswiecimiu«, bei uns in Auschwitz.

Zwischen das polnische Wortgewirr drängen sich deutsche Brocken wie 'Blockführerstube', 'hau ab', 'halt's Maul', 'auf die Schnauze, Bunker', 'Strafkompanie', 'Kapo' und ähnliches und Gegluckse und Seufzer. Einverständnis und Wohlwollen hocken gemütlich dabei. *»Rauchst du wieder! Werde ich Schläge für dich kriegen«*, fast nur in diesem Kontext lacht Staszek beim Wort 'Schläge'.
Hat Staszek zu allen Häftlingen ein so herzliches Verhältnis? Nein, natürlich nicht, aber der Kontakt ist prinzipiell leicht herzustellen. *»Habe ich auch gute Freunde, sehr gute, zwischen Häftlinge, die ich nicht kenne aus Lager. Sehr, sehr gute Freunde, welche ich kenne aus Lager und auch verlorene Kontakte zu gute Freunde aus Lagerzeit.«*
Eine eigenwillige Freundschaft verbindet Staszek, gegen Ende des Krieges wohl auch am Ende aller seiner Kräfte, im KZ Groß Rosen mit einem kräftigen Ukrainer, Ivan. *»Helfe ich dem ein bißchen mit denken und helft der mir mit stark sein. Braucht der nicht schlagen, nur neben mir stehen, sich zeigen.«* Über die Frage, in welcher Sprache sie sich verständigten, muß Staszek nachdenken, sie war wohl ohne große Bedeutung, *»spreche ich polnisch und der ukrainisch«*. Diese Geschichte erzählt Staszek im ehemaligen KZ Groß Rosen. Als er die Passage später liest, kann er sich nicht mehr daran erinnern. Allerdings fällt ihm ein anderer Ukrainer in der SS-Kaserne in Nürnberg ein, für den sein Kommando fieberhaft einen roten Winkel und das 'P' für Pole sucht, als bekannt wird, daß sich alle Russen melden sollen. *»Hat der Angst, daß was passiert mit dem. Aber überlebt der.«*
Später erzählt Staszek eine Geschichte aus seinem Arbeitsleben in einer großen Braunkohlegrube, in der er Personalchef und

ein ehemaliger Groß Rosen-Häftling Direktor war. War der Direktor unleidlich, bat die Sekretärin Staszek um Deeskalation. *»Nehme ich paar Akten. Sitzt der hinter Schreibtisch und dampft und schaut der auf mich wie auf kranke Hund.«* Staszek erkundigt sich nach dem Befinden, dem Gang der Geschäfte und trägt seine Anliegen vor. *»Später sprechen wir noch ein bißchen über Groß Rosen und Lager und ist der wieder ruhig.«* Und noch etwas ist ihm nachhaltig in Erinnerung: In der Grube gibt es wiederholt Ärger mit einem ehemaligen Häftling und seinen Alkoholproblemen. Vorgesetzte schlagen regelmäßig dessen Entlassung vor, die der Direktor – sonst nicht unbedingt zart besaitet – ebenso regelmäßig ablehnt und ihn in andere Abteilungen versetzt. *»So hat der gearbeitet in ganze Werk bis zu Rente, weil der war mit dem Direktor zusammen in Groß Rosen.«*

War es in Block 3 oder Block 4 in 'Mexiko', wo sie ihr Zimmereiwerkzeug lagerten und wo auch die Kommando-Schreibstube war? Weil in 'Mexiko' keine Baracken mehr stehen, versucht sich Staszek an den Grundmauern im gegenüberliegenden, 'seinem', Bauabschnitt zu orientieren – vergeblich. Dann legt er seinen Weg von damals zurück: von seinem Block zur Blockführerstube vor dem Zaun und von dort über die Straße hinüber nach 'Mexiko'. Er hofft, daß seine Füße den Weg von vor über fünfzig Jahren von selber finden. Aber auch dieser Versuch bringt ihm nicht die exakte Erinnerung zurück, die ihm so viel bedeutet.

Im letzten Birkenauer Sommer bauen sie in 'Mexiko' unzählige Blöcke auf. Das Klopfen der Hämmer und Äxte legt sich über das Lager. *»Die Birken, die war nicht«*, sagt er ungehalten über die Frechheit der Natur hier einfach rumzuwuchern und steuert auf den verläßlicheren Orientierungspunkt, einen Betonpfosten, zu. *»Geht SS weiter wie Pfosten, dann ruft einer von uns 'Michał po daj gwozdzie' und schlägt der laut mit Axt auf Dach. Macht das immer der, welcher arbeitet mit kleinste Abstand zu Blockführerstube.«* Michael, gib mir die Nägel, ist die verabredete Warnung an die übrigen Zimmerleute, daß der Feind naht, der sie weder beim Essen, beim Faulenzen, beim Rauchen, beim polnischen Plausch ertappen soll. *»Nichts ist erlaubt, Leben ist schon nicht erlaubt«*, spuckt er verzweifelt vor sich hin.

Dann erhellt sich sein Gesicht, ein schmeichelndes *»aber«* zeigt sich am Horizont, *»ist da ein SS-Mann mit Namen Bischof, der kommt von Lodz. Arbeitet der hier und seine Familie, Tante*

oder was, weiß ich nicht, die ist Häftling in Frauenlager. Kann der gut Polnisch. Wenn der dort in unsere Richtung kommt, da ruft der selbst zu uns auf Dach: Michał, po daj gwozdzie!«
Lachend fliegt die närrische Szene davon.
Im November 1944 wird Staszeks Kommando in das zweihundert Kilometer weiter westlich liegende Konzentrationslager Groß Rosen verlegt. *»Bauen wir den einen Tag noch Baracken in Mexiko auf, am nächsten Tag schon ab. Fahren wir von Zimmerei mit unsere Barackenplatten und Werkzeug auch mit Zug von Rampe in Birkenau weg.*
Am 27. Januar 1945 befreit die Rote Armee die Menschen aus den Konzentrationslagern in Auschwitz. Staszek ist nicht unter ihnen.

»Weiß ich nicht, hat jeder halbes oder ganzes Brot bekommen, und eine Büchse Fleisch«, erzählt Staszek. Klar ist, die Ration muß genügen, bis das Ziel erreicht ist – unklar ist, wo und wann das sein wird. Ihr geht auf Transport hieß es beim Appell in Groß Rosen, mehr nicht. Allerdings, Anfang 1945 weiß jeder, der noch eine Zukunft denken will, daß es weiter westlich, irgendwo in Deutschland liegt. Der Bahnhof Groß Rosen liegt in Trümmern, von russischen Flugzeugen vor wenigen Minuten bombardiert. Die Posten fluchen, an eine Abfahrt ist heute nicht mehr zu denken. Also wieder zurück ins Lager, marsch, marsch. Jetzt klären sich die Schüsse vom Hinweg auf. Am Wegrand liegen viele Leichen, *»die Schwachen ... die Alten ... die Kranken«*. Und dann noch: *»So viele Leichen habe ich noch nie gesehen.«* Die SS macht kein langes Federlesen, die Häftlinge verbringen diese kalte Februarnacht auf dem Appellplatz. Am nächsten Morgen erwarten die Kolonne etwas vor dem Bahnhof an die zwanzig offene Kohlewaggons, dreckstarrend, naß und schwarz, verschmiert. *»Haben wir Glück mit Kohlewaggons, treffen wir später Kameraden, die sind in Kalkwaggon gefahren, da hat Naß und Kalk gearbeitet und ihre Haut verbrannt«*. Seine Hände tasten nach den Unterarmen. Abgezählte hundert Menschen pro Waggon, auf dem ersten, dem letzten und in der Mitte jeweils die Posten mit Maschinengewehr oder Mauser im angeschweißten Wachhäuschen obenauf oder auf einem quergelegten Brett über dem Waggon sitzend. Alles im Griff. Im Waggon ist es so eng, daß nicht alle sitzen können. *»Wir hocken in Kniebeuge, das ist nach eine Stunde, zwei Stunde schwer«*. Den

Kopf zu heben oder aufzustehen gilt als Fluchtversuch – also durchhalten. Es ist kalt, Februar, Regen, Schnee. Schneeregen platscht in die Waggons, Tag und Nacht. Der Sträflingsdrillich erstarrt eisig an den eng aneinandergepreßten Leibern, die kaum noch wärmen. Einige erfrieren schon in der ersten Nacht, die steifen Leichen hocken zwischen den Lebenden.

Der Zug fährt mal schnell, mal langsam, dann wieder steht er Stunde um Stunde vor oder in einem Bahnhof. Jedes Wort ist verboten, nach drinnen und nach draußen. Irgendwann erkennt Staszek tschechische Wörter, vermutlich ein Bahnarbeiter. Später ist der Nachthimmel rauchig und feuerhell – eine Stadt brennt. Ein Gerücht flüstert durch den Waggon, Dresden.

»Wir haben Glück, wir dürfen unsere physiologische Bedürfnisse draußen erledigen, in andere Waggon war das nicht erlaubt.« 'Draußen' heißt auf den Puffern zwischen den Waggons stehend, während der Fahrt. *»Für die Jungen kein Problem«*, beschönigt Staszek und rückt erst auf Nachfrage mit der restlichen Wahrheit heraus. *»Das ist gefährlich, die Puffer ist glatt mit Eis, da fallen welche herunter.«* Der Posten auf dem letzten Waggon, dem Personen- und Versorgungswagen für die SS, erschießt dann den Gestrauchelten. *»Auf der Flucht erschossen«*, sagt Staszek, der Satz ist ihm ganz und gar geläufig, dann legt sich schwerer Atem über das Bild.

An einem beschrankten Bahnübergang, einen Zug abwartend, platzt Staszek mitten in ein Gespräch über die am Straßenrand angebotenen Pilze: *»Weiß ich nicht, wann kommt Straße oder Dorf und sitze ich da auf Puffer mit nackte Arsch und schreit die Leute da, ihr Schweine, ihr Scheiß-KZler oder was.«*

Verrückt

»Ich will hier raus, ich will nach Hause« – der da brüllt, springt auf. Das normalste Ansinnen an diese unnormale Situation ist Wahnsinn. *»Der Mensch ist verrückt geworden«*, Staszek bezweifelt dies auch heute nicht, *»weil hört der nicht zu, reagiert der nicht mehr auf uns«*. Das kennt Staszek aus dem Lager. Die Herumhockenden ringen den randalierenden Häftling auf den Waggonboden nieder, halten ihm den Mund zu. Der Posten schreit: *»Entweder der hält das Maul oder ich knall ihn ab.«* Angst setzt sich zwischen die Gefangenen. Wenn der Posten schießt, kann es auch andere treffen. *»Was weiß ich, kann der schießen oder nicht, trifft der nur den oder nicht? Oder was, mit einem Maschinengewehr?«* Das Mitleid trollt sich in die hintere Ecke. *»Nicht schießen, das ist für alle gefährlich«* – bitten die Häftlinge den Posten, der über ihnen auf einem querliegenden Brett des offenen Kohlewaggons sitzt. *»Dann schmeißt ihn raus«*, klirrt dessen Zugeständnis herunter. *»Wir haben den Verrückten aus dem Waggon geworfen, wie der Posten das wollte, ja, wie der Posten das wollte«*. Dieser Satz ist wesentlich. Staszek hilft nicht – er kann es nicht. Er verschließt seine Ohren und hört dennoch die Salve für den Verrückten. Als würde er gegen ein unsichtbares Gegenüber argumentieren, erzählt Staszek weiter: *»Ob der den getroffen hat oder nicht oder einen anderen, der auch draußen war, weiß ich nicht. Oder hat der in Luft geschossen oder daneben gezielt, weiß ich nicht«*. Seine Blicke kehren sich nach innen, als wäre noch einmal Für und Wider abzuwägen. Aus den Gedanken auftauchend sagt er später leise: *»Machen wir, war schwer zum sagen, aber richtig.«*

Als Staszek direkt am Bahnhof in einem Hotel in Oswiecim übernachtet, lassen ihn die unablässig rollenden Transportzüge nicht zur Ruhe kommen. Von seinem Fenster aus beobachtet er nächtens Stunde um Stunde die endlosen Kohlewaggons, die aus den oberschlesischen Bergbaugebieten kommen. *»Sind die nicht wie unsere«*, sagt er und zeichnet die unterschiedlichen Umrisse auf einen Fetzen Papier. *»Kann ich nicht schlafen, weil Rampe von Birkenau ist so nah und muß ich aufpassen, ob da Menschen, Juden, drinne sind in Waggon – oder Kohle.«* Fällt ihm da nicht auch sein eigener schrecklicher Transport gen Westen ein? *»Ja, ja, auch. Aber lebe ich noch lange und die nur paar Meter noch.«*

Einer greift unter die Arme, ein anderer faßt die Füße an. Und eins – und zwei – und drei – mit Schwung werden die Leichen aus dem Waggon gehievt. Der Posten hat es erlaubt. *»War eng und keiner will auf Leiche sitzen. Leiche ist Leiche und Mensch ist Mensch.«* Es ist die dritte oder vierte Nacht des Transportes. Fluchtgedanken wachsen in den Himmel. Die jüngeren Häftlinge verständigen sich flüsternd, wer beim nächsten Mal mit hinausgeworfen werden will und einige entschließen sich dazu. Immer wieder wird geschossen.

Die Situation wird von Stunde zu Stunde chaotischer, vor allem nachts und in Waldgebieten, wenn es langsam bergauf geht. *»Da laufen welche weg.«* Plötzlich sind auch Zygmunt und Leszek aus Staszeks Waggon weg, mit denen er in Groß Rosen für einen eventuellen Transport die Flucht plante. *»Eine Lok vorne, eine Lok hinten, so steil war es da.«* Kurz nach Dresden springt auch Staszek ab, so ist es besprochen. Eng im Sichtschutz seines Waggons läuft er eine kurze Strecke mit. Die Gegend scheint ihm günstig, der Hang, die Bäume und Steine werden ihm schnell Deckung sein. Staszek zeichnet die Situation auf einen Zettel. Nicht weit vor ihm tummeln sich bereits andere Häftlinge – eine MG-Salve wirft sie auf den Bahndamm. Die Posten sind aufgeschreckt, wachsam. Zu gefährlich, entscheidet Staszek und klettert in seinen Waggon zurück.

»Für mich war es schlecht und gut zum Durchkommen«, geht Staszek die Situation nochmal durch. Schlecht ist seine Häftlingshose, gut seine Ziviljacke, in die er nicht wie befohlen, ein rundes Loch geschnitten, sondern den schwarzen Fleck, Erken-

nungszeichen und zugleich Zielscheibe, nur aufgenäht hat, um ihn wieder abreißen zu können. Gut ist auch seine Unterschlupfadresse in Dresden. *»Haben wir die von dem Max, ein Roter, Blockältester in Groß Rosen, kommt der von Dresden. Der gibt mir, dem Zygmunt und dem Leszek die Adresse von seiner Mutter.«* Die beiden organisieren sich in Groß Rosen Zivilkleidung und finden nach ihrer Flucht tatsächlich in Dresden die Mutter von Max. *»Die hat für die alles organisiert, auch Essen, und hat die versteckt, bis die russische Armee in Dresden ist. Der Max, ihr Sohn, der ist nicht zurückgekommen, hat der nicht überlebt. Das weiß ich alles von dem Leszek, den besuche ich sechsundvierzig in Bielsko Biala.«*

Mitte Februar 1945 kommt der Groß Rosen-Transport mit etwa tausendfünfhundert Häftlingen auf der Rampe von Hersbruck an.

Im April 1995 suchen wir diese Rampe. Es gibt sie nicht mehr. Auch kein Hinweisschild. Aufgeregt, ganz mit sich beschäftigt, rennt Staszek an den Gleisen entlang. *»Hier war es, hier sind wir gegangen«*, er deutet auf einen zugewachsenen Wiesenfleck zwischen gepflegten Gärten. Es klingt so, als habe es jemand bezweifelt.

Hersbruck

Die Sonne ist noch nicht aufgegangen, wenn sie um vier Uhr zur Arbeit ausmarschieren, wenn sie zurückkommen, ist es bereits wieder finster. Wahrscheinlich ist die Tatsache, das Lager Hersbruck kaum bei Tage gesehen zu haben, die Ursache für die wenigen und hauptsächlich nächtlichen Bilder.
Als Staszek fünfzig Jahre nach seiner Befreiung Hersbruck wiedersieht, erfreut er sich an der fränkischen Idylle, *»sehe ich damals nicht, wie schön das ist«*. Am Ortsrand, hinter dem Schwimmbad und den Schrebergärten und einem Asylbewerberheim, wo sich ein Bach durch feucht-fette Wiesen schlängelt, war das Lager. Die Zeit und ihre Menschen haben alle Spuren getilgt – immerhin war Hersbruck das größte Außenlager von Flossenbürg und das drittgrößte Süddeutschlands. Passanten verfallen bei der Frage nach dem KZ in Eile, Lager, nein, nie etwas gehört. Ein junger Mann mit Hund kennt einen Gedenkstein an einer Straße, da ungefähr könnte das gewesen sein. Staszek bleibt bei alldem höflich und zurückhaltend. Er erkennt die SS-Gebäude und den Appellplatz, mit den Worten, *»dort stand der Galgen«*, deutet er mitten auf den gepflegten Tennisplatz.
Zu Hersbruck fällt Staszek sein Arbeitsplatz in Pommelsbrunn ein, Kälte, Nässe und Schlafmangel. In Pommelsbrunn bauen die Häftlinge eine Eisenbahnlinie und -brücke, *»schwere Arbeit und die drücken, schnell, schnell, schnell und schlagen«*. Ein Bombardement legt binnen weniger Minuten die wochenlange Plackerei von Tausenden in Schutt und Asche. Ein Pommelsbrunner alter Bauer nach einer von Häftlingen gebauten Eisen-

bahnlinie und Brücke gefragt, weiß von nichts, aber sehr genau, daß er den ganzen Krieg über an der Front war und in den paar Wochen Heimaturlaub nicht viel mitbekommen habe. An ganz anderer Stelle sagt Staszek: *»Mit alte deutsche Männer habe ich Probleme mit Kontakt, da ist immer die Frage in Kopf, was machen die in Krieg. Aber denke ich manchmal auch bei junge Leute, was machen die, wenn die sind Häftlinge, was machen die, wenn die sind bei SS. Kommt solche Frage in Kopf, auch wenn ich gar nicht will.«*

Das Lager ist heillos überbelegt, man schläft meist zu dritt auf einer Pritsche. Die Müdigkeit nach dem Schlaf und nach der Arbeit holt die Häftlinge selbst beim Marschieren ein, *»niemand weiß, warum man läuft nicht geradeaus beim Schlafen, immer geht die nach links«*. Weil dieses Ausscheren tödlich sein kann, verbinden sich die Häftlinge mit ihren Gürteln, um sich gegenseitig wachzuhalten. Eines nachts ist Geschrei in Staszeks Baracke, zwei Häftlinge sind dabei, ihren dritten Pritschenbenutzer zu erschlagen, um das Bett nicht länger mit ihm teilen zu müssen. *»Der Morek von Kepno, der schläft dann bei uns. Nach dem Krieg bedanken sich Mutter und Vater von dem, weil wir haben den von Tod weggenommen.«* Ab dieser Nacht bewachen Staszek und seine Bettgenossen im Wechsel gegenseitig ihren kargen Schlaf.

Im Frühjahr 1945 verwandelt die Schneeschmelze aus den umliegenden Hügeln das Lager in der Senke in ein Schlammloch, das nur noch über schmale Holzstege begehbar ist, *»haben die Meter oder einszwanzig, kommt ein SS, braucht der Platz für sich und schmeißt der Häftlinge in Dreck. Schaue ich immer, ob einer kommt, wenn ja, dann warte ich besser«*.

In Hersbruck herrscht vor allem Mangel, vor allem an allem. *»Besser gibt man Pullover nicht zum Entlausen, kommt schlechter oder keiner zurück«*. Wo nichts zu holen ist, haben auch die Kapos nichts, einer von ihnen klaut Staszeks Mütze. *»Passe ich nächste Tag auf, wer hat meine Mütze auf Kopf«*, mit Geduld und Höflichkeit am Ende und nur noch den Gedanken seines Überlebens im Kopf, holt er sie sich mit Gewalt wieder zurück. Ein Hersbrucker Abiturient trug die Fakten des Lagers vor einigen Jahren zu einer Broschüre[1] zusammen. Deren Veröffentlichung geriet dem Örtchen zum Skandal, nur eine einzige Stimme verschaffte ihrer Veröffentlichung die nötige Mehrheit im Gemeindeparlament. An der Mahntafel am Tennisplatz legt die Gewerkschaft gelegentlich einen Kranz nieder. Wer ausreichend Geduld hat, findet in der Nähe Hersbrucks einen Obelisken und eine zu groß geratene Riesenurne als Mahnmal, gut versteckt im Wald.

[1] Gerd Vanselow: »KZ Hersbruck«, Hersbruck 1983

März 1945. Staszeks Handwerkerkommando wird aus Hersbruck nach Nürnberg beordert, um die Bombenschäden für die nächsten Bomben auszubessern. 'Paßt auf, bei Euch wird heute gefilzt, jemand hat verpfiffen, daß ihr Fleisch habt' – so warnt mittags der Kapo einen Häftling aus Staszeks Kommando in einer Nürnberger SS-Kaserne. Unmittelbar nach dem Abendappell kehren zwei SS-Leute unter dem obligaten Gebrüll in ihrer Kellerzelle das Unterste nach oben. *»Da fragen wir, was suchen sie. Ihr freßt hier Fleisch, schreien die, die Leute draußen haben es schwer mit Fleisch und ihr freßt hier.«* Fleisch, ja Fleisch, das hätten sie, räumen die Häftlinge ein und holen eine Katze ohne Fell und ein Fell ohne Katze aus einer dunklen Ecke unter der Kellertreppe, das Schicksal hatte ihnen mit einem feindlichen Bombenangriff zur rechten Zeit das tote Tier beschert. Weich und schmeichelnd wiederholt Staszek heute die Worte von damals, *»das ist sehr gut, solches Fleisch, Herr Unterscharführer«*.
Heute lachen seine Augen dabei, damals begab er sich devot und zugleich berechnend unter die SS. Ob aus Mitleid und oder Überheblichkeit, die SS-Leute überlassen angewidert ihren Fund den tschechischen Denunzianten. Für Staszek und sein Kommando ist damit die auch in den letzten Kriegswochen eventuell noch lebensgefährliche Situation gerettet, die geklauten Fleischdosen bleiben unentdeckt.
Haben sie tatsächlich Katzen gegessen? *»Ja«*, ist die ebenso knappe wie ernste Antwort, *»haben wir«*, der Ton verbietet weitere Fragen, *»und schmeckt die gut«*.

»Hunde habe ich manchmal gegessen«, erzählt Staszek dann doch noch. Das war in jener Zeit in Auschwitz, als er mit dem Pferdefuhrwerk aus der evakuierten Umgebung jenseits der Sola Holz aus den Häusern holte, die Hals über Kopf von ihren Bewohnerinnen und Bewohnern verlassen werden mußten. Unabdingbare Voraussetzung für so eine Hundemahlzeit war, daß der Posten mitspielt und eventuell eine überflüssige Patrone hat. Alles andere ist kein Problem, *»Hunde laufen viele im Dorf, Ofen, Topf, Salz, Wasser, Kohle, alles haben die Leute gelassen«*. Staszek erinnert sich an einen Vormittag, an dem er einen *»nicht großen, hellbraunen Hund«* häutet, zerlegt und kocht. Der Hunger hat jedes Detail notiert. *»Das war zweiundvierzig, da haben wir mittags zwei Stunden Bettruhe im Lager. Ich mache viel Kohle unter Topf und wir fahren zurück ins Lager. Ich bin spät. Nach der Mittagspause bekomme ich andere Posten, neue, solche alte Mann. Ich weiß nicht, was wird, kann ich mit dem zu dem gekochte Hund fahren oder nicht. Da muß ich mit dem ein paar Worte sprechen. Das ist ein Deutscher, SS, kann der nicht Polnisch. Sage ich dem, wir können Mittag essen, der Posten von vormittag hat Hase geschossen. Hat der gesagt, da muß der aber gut schießen, wenn der hat nur Kugel und nicht Schrot. Hund ist gut gekocht, weich, geht gut ab von Knochen. Der fragt nochmal, ob das Hase ist, ja, sage ich, ist Hase. Zuerst frage ich den, ob der erlaubt, daß ich esse und gebe dem ein ganzes großes Bein und hat dem geschmeckt. Der hat Brot und das teilt der mit mir. Das Fleisch ist gut, aber schmeckt besser mit Brot. Und nehme ich Reste von gekochte Hund zwischen Balken mit in Zimmerei. Das weiß der aber nicht.«*
Staszeks Augen folgen den an den Mülleimern herumflattern-

den Raben draußen vor der Museumscafeteria in Oswiecim. *»Die haben wir auch gegessen«*, fällt ihm ein. Einer der Jugendlichen aus dem Zimmereikommando baut eine Drahtfalle und postiert sie an der Lagermetzgerei, wo die Vögel mitunter Abfälle erheischen. Verfängt sich einer in der Falle, kostet ihn dies das Leben, wird er gerupft und ausgenommen. *»Dort, in einem Schuppen, wir nennen den Profil, machen wir Feuer und kochen den Vogel zwei Stunden und ist der noch hart, hat der dreihundert Jahre. Aber essen wir trotzdem. Hunger haben wir viel.«* Weil der Platz gefährlich ist, *»viel SS«*, versiegt diese Nahrungsquelle bald wieder.

Essen ist das ganz große Thema in und über Auschwitz, damals wie heute. *»Gibt es immer zu wenig, immer Suppe. Richtiges Essen, Schweinefleisch, Semmelknödel, Rotkraut, Auschwitz ist ja ein deutsches Konzentrationslager, davon kann man im Lager nur denken. Oder erzählen, was ich habe zu Hause gegessen oder werde ich essen. Schnitzel mit Braten, mit Rote Rüben, mit Zwiebel und Salz und Pfeffer.«* Ein nachgeschobenes *»oh«*, klingt auch in der Jetztzeit wie ein ganzes Festtagsessen. Bei der Besprechung des Textes läßt sich Staszek nochmal jedes Wort auf der Zunge zergehen und ergänzt die Aufzählung: *»Pellkartoffel mit Marmelade und Schmalz auch dazu.«* Irgendwann stellt er den Satz in die Welt: *»Hunger, kenne ich nicht, fühle ich nicht, überhaupt nicht. Ich esse, wenn es Essen gibt, wenn die Zeit zum Essen ist. Zum Beispiel frühstücke ich ohne Hunger. Seit dem Lager.«*

Wurde damals viel über Essen gesprochen? *»Obwohl wir davon haben mehr Hunger, oft, sehr oft. Oh, was haben wir nicht gewaschen, Schale abgemacht, geschnitten, gekocht, gebraten,* *probiert, gegessen, auf Ofen, in Ofen, gesprochen beim Arbeiten und auch sonst, alles, alles, was nur im Kopf sitzt.«*

Keine Geschichte über einen langen Appell, an die sich nicht die Frage anschließt, ob es danach noch Essen gab, *»nach ein paar Stunden, da können wir schon nicht mehr laufen. Sehr spät haben sie uns in den Block gelassen. Haben wir kein Essen mehr bekommen, weil die Kessel schon wieder waren in Küche.«* Keine Geschichte über Arbeitseinsätze außerhalb des Lagers, die nicht abgleitet in geradezu bohrende Fragen darüber, wer für die Essensabholung zuständig ist, wer das Essen verteilt, in welchen Tonnen das Essen transportiert wird und ähnliches. *»Schade, daß der Tadek nicht da ist, da können wir über Essen reden, daß der Margarine gestohlen hat und Zucker«*. Und gleich kugelt die Freude über Staszeks Gesicht.

Jedes Auschwitzer Fettauge auf einer Suppe, jede Auschwitzer Sonderration hat fünfzig Jahre mental überlebt.

Als Staszek irgendwann nach einem Wort für Durchfallgestank sucht, assoziiert er verblüffend zu 'Stinken-wie-ein-Schwein': *»Schwein kann ich nicht sagen, das ist Beleidigung für Schwein. Das Schwein riecht gut, geschlachtet noch besser, am besten gebraten.«* Essensgeschichten gibt es ohne Ende, in Gesprächen zwischen den Häftlingen haben sie oft allererste Priorität. *»Zu Weihnachten vierzig gibt es im Lager Gulasch mit Kartoffeln«*, sagt Staszek zu Hermann Reineck, seinem lieben Freund und ebenfalls ehemaligem Häftling. *»Schade, daß ich zu der Zeit noch nicht in Auschwitz war«*, antwortet dieser trocken. Die Beschreibung jenes legendären Gulasch' geht in ihrem bebenden Gelächter unter. *»War das geschälte Kartoffel, weiß, trocken gekocht, das ist wichtig, daß die waren ohne Schale.«*

Auf dieser Welt dürfte es kaum jemanden geben, der mit mehr Wonne ißt als Staszek, stumm und versunken hinter einer undurchdringbaren Mauer, der übrigen Welt vorübergehend jeglichen Zutritt verwehrend.
Als Regina eine Abendschule besucht, kocht Staszek täglich für sich und seine Töchter. Wanda erinnert sich an gebratene Leber, die ihr der Vater immer wieder aufnötigt mit dem Hinweis, daß sie in Auschwitz froh über dieses Essen gewesen wären. Und unvergessen sind ihr die diversen Menüs, deren Hauptgang aus Brot bestand: getrocknetes Brot, geröstetes Brot, Brot in Schmalz in der Pfanne gebraten... Bei diesen Mahlzeiten erzählt Staszek viel über organisierte, ergaunerte, ergatterte, erbettelte, gerettete Auschwitzer Rationen und ihre Zubereitung. Eines Tages steht auf seinem Familienessensplan Brot mit gerösteten Zwiebeln. Als die Zwiebeln fertig sind, stellt Staszek fest, daß kein Brot im Hause ist. Wanda hat in ihrem Ranzen noch das Schulbrot, allerdings mit Honig beschmiert. So essen sie Honigbrot mit gebratenen Zwiebeln bestreut.

»In Nürnberg ist das Ende schon zum Fühlen, können wir schon auf die Spitze von Nagel sitzen.« Die Häftlinge arbeiten so wenig wie möglich, geben sich geschäftig, tragen in regelmäßigen Abständen und gut sichtbar Türen, Fenster, Werkzeuge über den Hof, bauen Fenster- und Türstöcke aus und ein, manchmal der Einfachheit halber dieselben, klopfen bequem liegend auf dem Dach herum.
In Ermangelung einer eigenen Häftlingsküche gibt es für sie annähernd die SS-Verpflegung, *»weniger Brot, kein Fleisch«*. Dennoch immer mit Essenssuche und Flucht beschäftigt, *»das sind wichtigste Gedanken in ganze Lagerzeit«*, entdecken sie eine neuerrichtete Mauer, hinter der vielleicht eine verlotterte Freiheit lungert. Als sie die ersten Steine entfernen, schlägt ihnen abgestandener Brandgeruch entgegen, sie setzen vor einen erklopften Hohlraum eine Tür ein, deren Schlüssel der ihre ist. Hinter dieser Tür entdecken sie in den nächsten Tagen ein aufgegebenes SS-Vorratslager, *»da sind verschiedene Sachen, alles mit SS-Abzeichen«*, aber auch Fleischkonserven, riesige Käseräder und Trockensuppen, *»so gibt es Zeit im Lager, wo ich mehr Fleisch und Käse esse als Brot«*. Staszek bedauert ausdrücklich und aktuell, diese Vorräte erst wenige Tage vor der erneuten Verlegung entdeckt zu haben.
Nürnberg ist für den Gymnasiasten Staszek zuallererst eine deutsche Kulturstadt, die Heimatstadt Veit Stoß', dessen Marienaltar der Basilika von Krakow er regelmäßig besucht. Staszek lernt Nürnberg als brennende Trümmerstadt kennen, in der er sich annähernd satt ißt, ausruht, im eigenen Bett schläft und der

SS ihre Schärfe verfliegt, weil sie die Sieger riecht. Der Luftschutzraum für die Häftlinge ist mit Büchern vollgestapelt. Seit vielen Jahren hält Staszek wieder ein Buch in Händen, in Deutsch und Sütterlin, *»erklärt mir ein SS die Buchstaben und lese ich«*, mit der gleichen lachenden Stimme beschreibt er gute Mahlzeiten. Essen und Bücher sind Staszeks Leidenschaften geblieben, seine Tage verbringt er lesend, suchend, vergleichend zwischen den Seiten vor allem historischer Werke, die das Weltenchaos scheinbar ordnen und in überschaubare Abschnitte aufreihen.

Mit den Kräften kommen für die Häftlinge auch die Scherze zurück. Sie fordern einen jungen Russen auf, das elektrische Licht auszupusten, *»steigt der auf Tisch und bläst und bläst der und geht nicht aus, macht dann ein Pole und funktioniert das, weil ein anderer Schalter umdreht.«*

Die Häftlinge werden mit neuem Drillich eingekleidet. Ein deutscher politischer Gefangener besorgt Staszek gegen ein Stück Käse ein Paar gute Schuhe. *»Ist der abgehauen und haben die den wieder geschnappt und Hände mit Ketten zusammengebunden, aber so, daß der kann mit Hände raus und arbeitet der als Schuster.«* Wäre so etwas auch für einen polnischen Häftling vorstellbar gewesen? *»Nein, niemals, deutsch mit deutsch, das paßt besser.«*

In Erwartung einer bevorstehenden Evakuierung bauen sich Staszek und weitere zehn Häftlinge einen Rucksack aus Holz und er ergattert ein Wehrmachtsgeschirr. Als das Kommando aus der SS-Kaserne in Nürnberg nach Hersbruck zurückverlegt wird, ist das Lager leer, nur eine Gruppe SS-Leute wartet, um sie am nächsten Morgen auf dem Marsch nach Dachau zu bewachen, *»gehen wir zehn Tage«*. Staszek fühlt sich durch seine Nürnberger Tage gesund und für den Marsch gerüstet. In seinem Rucksack verwahrt er seinen Mantel, darunter ein Stück Käse, *»Fleischdosen haben wir dagelassen wegen Angst«* und trockene Roggensuppe, *»davon werde ich noch in Dachau essen«*. Die Kolonne wird von außergewöhnlich vielen SS-Männern und kurioserweise auch zwölf Feuerwehrleuten aus der Nürnberger SS-Kaserne begleitet, *»wollen die schon nicht mehr zur Front oder sonstwas Gefährliches machen«*, deren Gewehre und Rucksäcke auf den mitgeführten Wagen verteilt sind, die die Häftlinge für sie durch die bayrischen Wiesen und Dörfer schleppen.

Angewidert erzählt Staszek von einer Begegnung mit zwei Hitlerjungen, *»haben die zehn oder zwölf Jahre und fragen die unsere Posten, ob die Banditen erschossen werden, meinen die uns«*. Eines dieser verderbten Kinder teilt befriedigt und besserwisserisch dem anderen lauthals mit, *»siehst du, habe ich dir gleich gesagt, die werden alle umgebracht«*. Entrüstung zerreißt Staszeks Stimme.

Als ihnen ein hoher SS-Offizier zu Pferde begegnet, befiehlt er, die Häftlinge im nahe gelegenen Steinbruch hinzurichten. Sagt's und verschwindet. *»Stehen wir in Steinbruch in Reihe, Maschinengewehr ist schon vorbereitet, aber will keiner schießen. Vielleicht wegen Mitleid, vielleicht weil die schon hören amerikanische Flugzeuge und Kanonen. Da liest der Kommandoführer den Zettel nochmal, auf dem steht, daß der uns nach Dachau bringen soll, mit Unterschrift. Der Offizier, ein General oder was, der gesagt hat 'erschießen', von dem weiß der noch nicht mal Name. Da denkt der kurz und sagt dann 'rechts um, ohne*

Tritt Marsch'. Werden wir nicht erschossen, haben wir Glück gehabt.«
Tausend Flugzeuge bombardieren anläßlich Hitlers Geburtstag Ingolstadt. *»Liegen wir auf Rücken und zählen die Flugzeuge, soviele habe ich noch nie gesehen. Erde bewegt sich von Luft.«* Staszek schickt verliebte Blicke in den blauweißen Himmel. Am 21. April, vormittags um elf Uhr, überschreiten sie die Donau und marschieren einige Kilometer flußabwärts.
Ende April 1995, *»war damals so warmer Tag wie heute«*, sucht Staszek diese Brücke. *»Da waren zwei, eine für Eisenbahn, eine für Auto und Fußgänger, war die kaputt, aber zum gehen«*, und findet sie nicht. Ein Historiker einer zufällig vorbeikommenden Stadtführung kann die entsprechende Auskunft geben. Staszek folgt mit weit ausholenden Schritten der angegebenen Richtung, eilt an der Donau entlang, flußabwärts, und ist nur schwer zum Umkehren zu bewegen. Zwischen den Spaziergängern, den Familien mit Kindern, den Hunden und Fahrradausflüglern, die die Sonntagssonne des Frühlingstages genießen, erinnert er sich daran, daß ihnen an dieser Stelle eine Horde Volkssturm entgegenkommt, die mit ihren Gewehren auf die Häftlinge einprügelt.
Später, in einer bayrischen Kleinstadt nimmt ihn ein seit Tagen betrunkener SS-Mann zu einer Schnapsfabrik mit, heißt ihn Fässer auf einen Handwagen aufladen und führt ihn mit vorgehaltenem Gewehr zurück. Warum das? *»Weil wenn kommt anderer SS, wird der sagen, ich wollte den Schnaps stehlen und daß der mich hat geschnappt. Das kann sein mein Tod. Aber treffen wir auf keine andere SS.«*
Irgendwo führt sie ihr Weg an soeben in einem Kampf getöteten

Pferden und Schafen vorbei. Die Häftlinge trennen sich die Hinterbacken eines Pferdes ab, dürfen sie auf einen der mitgeführten Wagen legen. Morgens, wenn sie rasten, kocht ihnen ein Bauer zwei Kessel Kartoffeln und *»im dritten Kessel das Pferdefleisch und gibt der noch Salz dazu«*.

Am 24. April 1945 erreicht Staszeks dezimierter Häftlingstroß, hundertfünfzig abgerissene, vom Hunger zerfressene, kraftlose Häftlinge, das Konzentrationslager Dachau. Die Ordnung bröckelt, es gibt keine Appelle mehr, die Arbeitskommandos bleiben im Lager, das erste warme Essen wird es erst nach der Befreiung geben. Man wartet – Häftlinge und SS gleichermaßen – gespannt auf den Moment, der die Opfer zu gefährlichen Zeugen machen wird, die Täter zu Angeklagten machen kann, Wut und Haß und Schmerz den Opfern vielleicht in die Hände rutschen.

Den 29. April 1945 erinnert Staszek so: Es stehen Doppelposten Wache, einer mit Maschinengewehr, einer mit Flammenwerfer. Das Gerücht eines Befehls, keinen Häftling lebend den Amerikanern in die Hände fallen zu lassen, verkantet sich im Lager. Um 17 Uhr hört er *»paff, paff, das ist kein Mauser, das sind ganz andere Schüsse, das ist nicht deutsche Waffe«*. Aus dem Fenster seines Blocks sieht er einen Soldaten in fremder Uniform, mit fremdem Stahlhelm, der dem Posten auf dem Wachturm etwas zuruft. Als dieser am Fenster erscheint, schießt der Amerikaner. Plötzlich ist Staszek jede Sekunde im Lager zu lange, das Gedränge an den Türen vermeidend, springt er durch das Fenster ins Freie und hofft, daß es die Freiheit ist.

1995, zum 50. Jahrestag der Befreiung, stellt sich Staszek auf den Platz des Amerikaners, zielt und zeichnet mit erhobenen Armen befriedigt den Bogen des Sturzes des SS-Mannes. Mit Verachtung spricht er davon, daß elf, und dieses 'elf' wiederholt er mehrmals, 'elf' amerikanische Soldaten Dachau befreien und

fünfzig feige SS-Leute bewaffnet in der Blockführerstube sitzen und ihre Niederlage tatenlos erwarten, mit keinem Schuß ihre großen und ekelhaften Ideen verteidigen.
Staszeks zweiter Gedanke gilt den Häftlingen, die die Freiheit nicht aushalten, denen bei der Nachricht der Befreiung *»das Herz platzt und sind die tot«*, bei denen, die noch im Lager oder bald danach Krankheiten erliegen, und bei denen, die den Hunger der vergangen Jahre mit einer einzigen Mahlzeit stillen wollen, was einige das Leben kostet. Er berichtet von einem Zug auf einem Bahngleis, in dem Tausende verfaulter Leichen von Häftlingen liegen. Die SS ließ diese Kranken aus dem Konzentrationslager Buchenwald hinter verschlossenen Waggontüren verdursten, verhungern, vermodern. Staszeks Hände fahren in die Luft, als suchten sie im Himmel einen Halt. Ein zornig-resigniertes *»ah«* aus dem Erdinnern springt aus seinem Mund.
Staszek und seine Freunde, unter ihnen auch Zimmerleute aus Auschwitz, verwahren in den nächsten Tagen ihre Lebensmittel gemeinsam, essen zusammen und überwachen gegenseitig ihre Portionen. *»Erlauben Ärzte Fleisch, ohne Wissen von Lagersleben. Bekommen wir Dose mit 800 Gramm für zweie. Teilen wir Hälfte durch dreie. Ich weiß, wenn das ist Marmelade, da kann ich essen und essen mit Brot, wenn Brot ist alt, nicht frisches. Fleisch ist gefährlich, alles von Getreide ist besser für Körper.«*
Ein unbekannter SS-Mann schaltet am Abend dieses Tages den Strom aus dem Zaun. Staszeks Freiheit findet mit dem Schritt durch das offene Tor statt, *»ohne Meldung, andere Häftlinge gehen mit mir«*. Allerdings ist er nicht mehr der von früher, allerdings ist die Erde nicht mehr die alte. Manchen Häftlingen ist die Welt außerhalb derer der Nazis abhanden gekommen, sie

sprechen von Entlassung, der Begriff Befreiung sagt ihnen nichts mehr.
Am 50. Jahrestag seiner Befreiung klettert Staszek auf eine Mauer hinter dem Tor, um einen Blick auf die ehemalige Zufahrtsstraße zu werfen. Muß er überprüfen, ob er hier wieder rauskommt? *»Nein«*, antwortet er, *»schaue ich, ob da noch einer von SS ist, weil sitzen die auf Kante von Trottoir, Offiziere mit Pistole«* – darüber ist er bis heute empört – *»trotzdem die sind verhaftet«*.
Am gleichen Abend suchen befreite, ehemalige Häftlinge in den SS-Unterkünften Waffen und Bewacher, die sie auf der Stelle erschießen oder erschlagen, *»verkriechen die sich wie Ratten in ihre Löcher«*. Eine Gruppe bewaffneter Häftlinge begibt sich zu einer Wirtschaft, durch deren Fenster SS-Leute zu sehen sind. Gleich links des Eingangs haben sie ihre Gewehre abgestellt, die Pistolen tragen sie am Körper. Einige Häftlinge schießen durch ein Fenster auf ihre verhaßten Peiniger, die anderen reißen die Tür auf, greifen sich die Gewehre ... Die SS-Leute erwidern den Angriff mit den Pistolen ... Wieviel SS wird insgesamt an diesem und den folgenden Tagen von den Häftlingen erschossen? *»Ich habe sie nicht gezählt.«* Hast du auch geschossen? *»Vielleicht. Nachts sind wir wieder im Lager, sind wir müde. Haben die Angst vor Tod. Angst davon, was die so lange machen mit uns. Da ist Chaos in Dachau. Dreißigtausend sind von uns geblieben und fünfzehntausend können noch laufen.«*
Staszek berichtet irgendwann von einem Nazi-Panzerzug, der sich auf dem Weg ins Lager befindet, um die Befreiung zu verhindern oder rückgängig zu machen. Weil zu wenig Amerikaner im Lager sind, wird in Eile eine Gruppe fronterfahrener

Häftlinge zusammengestellt und bewaffnet, unter ihnen kampferprobte Kinder aus dem polnischen Widerstand, *»kennen die Waffen, bauen die Bomben, sind die so mutig, schmeißen die ihr Leben vielleicht nochmal weg«*. Als der erste Nazipanzer in einen Hohlweg fährt, geht er in Flammen auf, der Tross ist gestoppt, *»können andere Panzer nicht durch, war das im Dachauer Moos«*. Plötzlich wohnt dieser Begriff aus dem oberbayrischen Heimatunterricht in einem polnischen Wohnzimmer, den nicht allzuviele Deutsche kennen dürften.

Nach der Befreiung marschieren die SS-Leute auf dem Appellplatz im Kreis, die Häftlinge sind angehalten, denjenigen, die sich korrekt verhielten, weiße Papierstreifen zu übergeben. *»Da bitten die und strecken die Hände zu uns. Aber nur paar bekommen Papier.«* Gibt es auch Schlägereien? Staszek lacht, *»ja, wollen wir, aber die Amerikaner laßt uns nicht.«*

Edmund Stoiber, so spricht es sich anläßlich der 50-Jahresfeierlichkeiten unter den angereisten ehemaligen Häftlingen herum, soll der erste bayrische Ministerpräsident sein, der im Lager eine Festrede hält. Staszek verfolgt jedes seiner Worte und ist mit ihnen zufrieden.

Eine Gruppe engagierter Dachauer Bürgerinnen und Bürger organisiert Verpflegung und Programm für die Häftlinge in einer Begegnungsstätte in der Stadt. Ihre Mühen werden vom Zustrom der früheren Gefangenen erdrückt, immer wieder müssen sie die alten Menschen bitten, hinaus in den Regen zu gehen, um neu Ankommenden ihren Platz zu überlassen.

Am Morgen nach den Feierlichkeiten macht Staszek seinen Abschiedsbesuch im Lager, *»bin ich vielleicht letztes Mal hier«*, er freut sich über Blumen, Kränze und Gebinde, die das Mahnmal lebendig und bunt machen, er zählt die Kränze und konstatiert zufrieden: *»Hundertzehne sind's.«*

Ein junger amerikanischer Journalist und ein ehemaliger amerikanischer Soldat der Rainbow-Division bitten Staszek um ein gemeinsames Foto. Befreiter und Befreier posieren Arm in Arm in der gepflegten Anlage des Museums Dachau. Der Ort hat seine Unschuld wieder erlangt, die Spuren umklammern die Seelen.

In einem Krakauer Antiquitätengeschäft wird ein Häftlingsanzug aus Auschwitz für 400 Zloty angeboten, der zwischen verschiedenstem Militariakram hängt. Staszek erklärt dem begierigen Händler die Einordnung der Nummer. Woher kann der Anzug kommen? *»Ehemalige Häftlinge sind arm und verkaufen den oder sterben die und die Kinder oder Enkel machen das.«* Wo ist sein eigener Häftlingsanzug? Er hat ihn in Dachau sofort weggeworfen. Der Empfehlung anderer polnischen Häftlinge, zu offiziellen Anlässen den Häftlingsanzug zu tragen, ist er nie gefolgt, *»sage ich ja, ja, aber will ich nicht«*. Einen blau-weiß gestreiften Pyjama, den ihm Regina schenkt, zieht er nie an.

Einer hebt den Sargdeckel hoch. Alle halten den Atem an. Eine Gruppe von vier ehemaligen Häftlingen, allesamt seit einigen Monaten im Museum Auschwitz beschäftigt, hat die Tür zur Baracke gegenüber Krematorium I geöffnet, *»das ist geheim, verboten«*. Irgendjemand fotografiert, ohne Blitz, *»da drinne ist es hell«*. Derjenige hat vermutlich diese Fotos bis heute – wer das ist, mag Staszek nicht mehr einfallen. Der tote Lagerkommandant Höss *»sieht aus wie andere Leiche auch, ist nichts besonders. Vielleicht nur, daß der in Wehrmachtsuniform ist, nicht in Uniform von SS«*. Wie war das damals für Staszek, den toten Höss zu sehen? Ohne zu zögern antwortet er: *»Froh war ich nicht.«* In Polen wird während des Prozesses in Warszawa viel darüber debattiert, was mit Höss passieren solle, *»ich, und andere auch, wir wollen, daß der lebt. Daß der durch Polen, vielleicht die ganze Europa reist und sich zeigt, als Mörder. Bestimmt ist das für den schlechter. So ist der tot und alles ist erledigt.«* Staszek gefällt der Gedanke von der Höss-Rundreise auch heute noch und dennoch sagt er bedächtig: *»Aber es ist wahr, das wichtigste was man hat, ist das Leben«*, und nach einer kleinen Pause, *»und der Tod ist auch wichtig«*.
Fast fünfzig Jahre nach dieser Hinrichtung erzählt Staszek über diesen 15. und 16. April 1947. Viele, vielleicht mehrere zehntausend Menschen, unter ihnen eine große Anzahl ehemaliger Häftlinge, sind nach Auschwitz gereist, um Höss sterben zu sehen. Die Menge drückt, keine zehn Meter hinter dem Galgen, so heftig gegen den damals noch Holz-, heute Betonzaun, daß er bricht. *»Die wollen den ermorden. Trotzdem hier so viele*

Soldaten sind. Aber die ehemalige Häftlinge sind viel mehr.« Die Hinrichtung wird abgebrochen. Um die aufgebrachten Zuschauerinnen und Zuschauer zu täuschen verläßt kurze Zeit später ein Teil des Hinrichtungskonvois das Lager, *»Autos mit Soldaten und Waffen, auch das Höss-Auto«*.

Seine letzte Nacht verbringt Höss in der SS-Zelle im Keller des Kommandanturgebäudes, direkt unter seinem ehemaligen Büro. Auf dem Weg dorthin fragt ihn der Museumsdirektor Wasowicz, selbst als Häftling seinerzeit in der politischen Abteilung beschäftigt, ob er wisse, wo er sei: *»Ja, ich weiß es«*, Höss deutet auf sein früheres Wohnhaus, *»dort habe ich gewohnt«*. Woher weiß Staszek von diesem Gespräch? *»Hat uns der Wasowicz erzählt.«* Im Sommer flattert heute bunte Wäsche im Garten der Höss-Villa, sie wird von polnischen Familien bewohnt, nach 1945 wurde die Villa den vormaligen Besitzern zurückgegeben. *»Haben wir Stockwerk draufgesetzt, damals im Lager, hat der Höss uns gegeben Extrakessel Suppe, haben die jetzt besseres Haus bekommen, wie war vor dem Krieg«*, freut sich Staszek. Als eines Abends Licht dort brennt, sagt Staszek, *»ah, ist der Höss noch wach, spielt der noch mit seine Kinder«*.

Alle, die wissen, daß die Hinrichtung verschoben wurde, erscheinen auch am nächsten Tag am Lagerzaun. Wieder sind es Hunderte, vielleicht Tausende. *»Die erlauben auch am zweiten Tag nicht, daß die ehemalige Häftlinge hier ins Lager kommen.«* Staszek steht heute wie damals wenige Meter rechts vor dem Höss-Galgen.

Das polnische Militär wird über Nacht verstärkt. *»Ich kann gut sehen. Die Bäume, die hier stehen, sind noch ganz klein. Zuerst wird das Urteil vorgelesen. Da ist auch sein Henker und ein*

Helfer. Der Henker hat Handschuhe an, weiße, schöne, saubere«, ein gemeines Lachen blitzt über Staszeks Gesicht. *»Und eine Kapuze hat der auf dem Kopf. Nur Augen sind zu sehen. Der Helfer hat auch so eine Kapuze. Der Höss steht unter dem Galgen, der Henker legt seinen Kopf gut in die Schlinge. Ich warte, daß der Höss etwas ruft. Etwas von die Hitlerideen, an die er so fest geglaubt hat. Aber der ist ganz ruhig. Ist der tot ohne sprechen.«* Als alles vorbei ist, wirft der Henker Handschuhe und Schlinge auf den Boden. *»Der Strick wird in Stücke geschnitten und die Leute nehmen das mit. Da wird Glück sein.«*

Fotonachweis

Titelbild: Im Bauabschnitt III (genannt 'Mexiko') von Auschwitz II-Birkenau. Im Hintergrund das Dorf Brzezinka. 1997.
Seite *5:* Stanisław (Staszek) Hantz. Studioaufnahme. 1997.
Seite *14:* Staszek in der Uniform der Wachmannschaften der Gedenkstätte. 1947.
Seite *15:* Von der SS aufgenommenes Häftlingsfoto. 1941.
Seite *17*: Studioaufnahme von Regina und Staszek Hantz. 1997.
Seite *18:* Staszeks Ort der Ankunft im Konzentrationslager Auschwitz. Die Gleise verlaufen parallel zum heutigen Museumsgelände. 1997.
Seite *24*: Regina und Staszek am polnisch-deutschen Grenzübergang in Zgorzelec. 1997.
Seite *30:* Die zugewachsenen Gleise sind vermutlich der Ort, an dem die Zwiebelwaggons standen. 1997.
Seite *34/35*: Auf dem frisch konservierten Dachboden des Todesblocks (Block 11) im ehemaligen 'Stammlager' Auschwitz. 1997.
Seite *40/41:* Im ehemaligen Krematorium I im 'Stammlager' Auschwitz. 1997.
Seite *48/49:* Bei der Diskussion der Texte. 1997.
Seite *50/51/52:* Der Fliederstrauch vor Block 15 im ehemaligen 'Stammlager'. 1997.
Seite *55:* Vor der 'Häftlingspaketstelle' im 'Stammlager'. 1997.
Seite *58/59:* Original-Häftlingsschuhe. Museum Auschwitz - Birkenau. 1997.
Seite *64:* Hinter den ehemaligen Landwirtschaftsbaracken des 'Stammlagers'. 1997.

Seite *67/68/69*: Auf der Suche nach den Fundamenten 'seiner' Zimmerei. 1997.
Seite *72:* Vor Block 28, einem ehemaligen 'Krankenblock' im 'Stammlager' Auschwitz. 1997.
Seite *76:* Beim Schreiben. 1997.
Seite *80: E*in Löschwasserbecken in Staszeks 'Bauabschnitt' in Auschwitz II–Birkenau. 1997.
Seite *85*: An der 'Blockführerstube' am Tor des 'Stammlagers' Auschwitz. 1997.
Seite *88:* Staszek mit der Belegschaft des Sägewerks Kraus in Oswiecim, in dem er als Häftling häufig zu tun hatte.
Rechts im Bild der heutige Besitzer und Sohn des damaligen Eigners. 1997.
Seite *92*: Auf der Lagerstraße vor den ehemaligen Frauenblöcken im 'Stammlager'. 1997.
Seite *94*: Studioaufnahme. 1997.
Seite *99*: Staszek in seiner früheren Dunkelzelle im Keller des Todesblocks, dem sogenannten Bunker. 1997.
Seite *106/107*: In der Zelle 11 des Todesblocks. 1997.
Seite *112/113*: Blick aus einer der 'Bunkerzellen' im Todesblock. 1997.
Seite *117*: In der Zelle 11.
Seite *118*: Staszek erzählt von den Hinrichtungen an der Todeswand im Hof von Block 11.
Seite *122*: Mit einer Original-Häftlingsschüssel. Museum Auschwitz - Birkenau. 1997.
Seite *126/127*: In 'BIb' in Auschwitz II-Birkenau. 1997.
Seite *131*: Beim Winken vom 'Quarantänelager' hinüber ins 'Frauenlager'. Auschwitz II-Birkenau. 1997.

Seite *140:* In einer Katowicer Straßenbahn in Richtung Giszowiec. 1997.
Seite *144/145:* In einer ehemaligen Latrinenbaracke im 'Männerlager' von Auschwitz II-Birkenau. 1997.
Seite *151*: Auf diesem Gelände stand das 'Rote Haus', die erste 'provisorische' Gaskammer in Auschwitz II-Birkenau. 1997.
Seite *156*: In einer Klasse des Gymnasiums in Oswiecim, das Staszek nach dem Krieg besuchte. 1997.
Seite *160:* Rechts führt der Weg zum ehemaligen Krematorium V, links zum ehemaligen Krematorium IV. Erst wenn das Krematorium IV passiert war, war klar, daß es zum Duschen und Desinfizieren in die Sauna geht. Das ehemalige Saunagebäude ist im Hintergrund des dritten Fotos zu sehen. Auschwitz II-Birkenau. 1997.
Seite *164/165:* Massengrab hinter dem ehemaligen Krematorium IV in Auschwitz II-Birkenau. 1997.
Seite *170:* Die Zeichnung zeigt Lage und Konstruktion eines versteckten Raumes der Zimmerei in einer der Baracken im 'Lagerabschnitt BIII' in Auschwitz II-Birkenau. 1997.
Seite *174/175:* Zu Hause. 1997.
Seite *180/181:* Auf der Rampe Auschwitz II-Birkenau. 1997.
Seite *186*: Im 'Quarantänelager' von Auschwitz II-Birkenau. 1997.
Seite *192*: Im 'Bauabschnitt BIII' (genannt 'Mexiko') von Auschwitz II-Birkenau. Im Hintergrund das Dorf Brzezinka. 1997.
Seite *198:* Mit einem Foto des früheren Mithäftlings Jozek Sikora. 1997.
Seite *207*: Bei der Diskussion von Buchtexten. 1997.

Seite *210*: Auf der Rampe von Auschwitz II-Birkenau. 1997.
Seite *214*: Vor dem Tor zum ehemaligen Konzentrationslager Groß Rosen. 1997.
Seite *218*: Eine Erzählsituation. 1997.
Seite *224*: Zu Hause. 1997.
Seite *230*: Staszek in seinem Arbeitszimmer. 1997.
Seite *236*: Staszek. 1949.
Seite *242*: Vor dem Galgen, an dem der ehemalige Lagerkommandant Rudolf Höss im Jahre 1947 gehenkt wurde. 1997.

Zitronen aus Kanada